¿TE VAS A COMER TODO ESO?

La alimentación, el coaching y tú.

Cecy Araux

Primera Edición

Categoría:
Ventas, Coaching

Colaboradores:
Servicio ACE – ACCA

ISBN: 9781695829244
Imprint: Independently published

Facebook: coachabitos
Instagram: coachabitos
Correo: coachabitos@hotmail.com

AGRADECIMIENTOS

Quiero dar gracias a Dios, por haber escrito mi historia de un modo tan perfecto que ha permitido que llegue hasta este momento con tantos aprendizajes.

Gracias a mis padres, por darme la vida, valores, creencias y estar a mi lado siempre.

Gracias a mis tres hermanas, América, Ángela y Marcela, por demostrarme que nunca estaré sola y por darme la oportunidad de aprender y enseñar.

Gracias a mi esposo, Teucro Araux, por el amor que me demuestra cada día a través de su paciencia, comprensión, apoyo, compañerismo y confianza. Gracias, Teucro, por creer en mí y decirme que yo misma puedo ser mi mejor versión.

Gracias a mi hija Ivette Sibila (1 año y 2 meses) por su paciencia, comprensión y por ser mi mejor porrista en el logro de mis metas. Ella me motiva a seguir aprendiendo cada día.

Gracias a mi amiga de corazón, Bertha Cantú Garza, por demostrarme que sí se puede alcanzar una gran meta, cumplir un sueño y tener el valor y el amor propio suficiente como para brillar con luz propia. ¡Gracias, amiga!

Gracias a mis amigas del alma Lily Barrera, Gina De la Garza, Alfa Ontiveros, Vanessa García y Cynthia Almaguer (Titis) porque a pesar de la distancia, están ahí para mi, por escucharme y leerme cuando más las necesito, mil gracias chicas

Gracias a mis amigas de la vida por sus pláticas eternas. Ellas fueron y son una gran inspiración para mí.

Gracias a la Academia de Coaching y Capacitación Americana, por su visión y compromiso en la generación de coaches de excelencia a nivel internacional.

Gracias a las y los coaches y mentores con quienes he tenido la oportunidad de coincidir en este camino; he aprendido mucho de ustedes.

Por supuesto, gracias a mi querida coach y mentora Írisz Császár por su paciencia, entrega, dedicación, enseñanzas y confianza. Gracias, sobre todo, por ver el potencial en mí aun cuando al principio no lo veía ni yo misma.

Gracias a todos. Porque si cada uno de ustedes no estuviera en mi vida, este gran proyecto no sería hoy una realidad.

ÍNDICE

Disclaimer

La información proporcionada en este libro está diseñada para proporcionar información útil sobre los temas discutidos. Este libro no debe usarse, ni deberia usarse, para diagnosticar o tratar ninguna afección médica. Para el diagnóstico o tratamiento de cualquier problema médico, consulte a su propio médico. El editor y el autor no son responsables de ninguna necesidad específica de salud o alergia que pueda requerir supervisión médica y no son responsables de ningún daño o consecuencia negativa de cualquier tratamiento, acción, aplicación o preparación para cualquier persona que lea o siga la información de este libro. Las referencias se proporcionan solo con fines informativos y no constituyen respaldo ni sitios web u otras fuentes. Los lectores deben tener en cuenta que la información que figura en este libro, incluidos los productos y sitios web, puede cambiar.

Este libro es solo para fines informativos y no pretende ser un sustituto del consejo médico de los médicos. El lector debe consultar regularmente a un médico en asuntos relacionados con su salud y particularmente con respecto a cualquier síntoma que pueda requerir diagnóstico o atención médica.

PRÓLOGO

Las emociones inexpresadas nunca mueren.
Son enterradas vivas y salen más tarde,
de peores formas.

Sigmund Freud

En este libro, la autora nos ahonda en un recorrido que cautiva y conecta. Me sentí identificada de muchas maneras con el relato: como amiga, como madre y, sobre todo, como mujer del siglo XXI. Un siglo en el que nuestro rol como mujer ha cambiado, en un mundo en el cual, ahora, encontramos exigencias ya no solo femeninas, sino también masculinas, en esta lucha que hemos llevado para conseguir una igualdad de género que, de alguna forma, también ha complicado nuestra forma de vivir.

En un siglo en el que solo tenemos "éxito" cuando cumplimos como madres que, a su vez, trabajan, llevan un hogar, una vida social y que, además, nos "tenemos" que ver bien y en el que, a veces, cuando tenemos la fortuna, llevamos una vida en pareja.

Un mundo acelerado en el que no hay tiempo para nada, en el que comemos lo que encontramos, a veces sin hambre. Un mundo en el que, además, debemos ser felices, porque si no lo somos, entonces hemos fracasado. Así como Cecilia, yo también me pregunto: *"¿Qué hago con mis emociones y con las exigencias de este mundo acelerado?"* Yo también, a veces, encuentro en la comida "algo" que me reconforta.

Este libro me hizo regresar dieciséis años en el tiempo… Al momento en que amamantaba a mi hijo mayor. A veces, lo alimentaba para que saciara su hambre; pero, en otras ocasiones, solo lo hacía para calmar su llanto. Llanto del que, muchas veces, ni él, ni yo sabíamos el porqué.

Agradezco enormemente a la autora la oportunidad de obtener algunas técnicas que me pueden ayudar a encontrar la raíz de mis sentimientos para, de esta forma, dejar de asociarlos a la comida. Espero que ustedes, así como yo, se dejen guiar en este recorrido personal hacía la búsqueda de la verdad y que ese sentimiento, ya sea de tristeza, enojo, frustración, presión, etc., pueda encontrar otra salida. Una salida distinta a la comida ya que, de alguna forma, aunque comamos todo lo que encontremos, seguiremos sintiendo un vacío imposible de llenar.

Encontremos, por medio del coaching, el origen de ese vacío y conozcamos otras formas, más sanas, de abordarlo.

Mtra. Melissa Marbella Rodríguez Hinojosa
Lic. Psicología
Mtra. Psicología Clínica
Instituto Tecnológico de Estudios Superiores de Monterrey
ITESM
Prepa Tec Monterrey, Nuevo León, México

INTRODUCCIÓN

¿Te ha pasado que te pones "a dieta" para una ocasión especial y vuelves a subir de peso, más un extra?

Hace algunos años, empecé a prestar atención a las mujeres que me rodean: mamá, hermanas, tías, primas, sobrinas y amigas. Me di cuenta de que todas tenemos algo en común: no estamos en el peso que queremos. Para nosotras, la mayoría de los temas giran en torno a cómo bajar de peso o cómo eliminar esos kilitos que nos estorban.

Vi como algunas se ponían a dieta y llegaban a la meta pero, de nuevo, subían de peso. Otras, tomaban pastillas y sufrieron muchos desórdenes internos; hasta hay algunas que fueron a parar al hospital. Otras se operaron (manga gástrica, banda, lipos) aunque, al poco tiempo, volvieron a engordar.

Entonces me di cuenta de que algo no estaba bien. Que no son los métodos los que fallan, ni el cuerpo; es algo que va más allá.

Empecé a buscar respuestas a ese gran interrogante: *¿Qué puedo hacer para estar en mi peso ideal, saludable, cuidar mi cuerpo y mantenerme en ese peso deseado?*

Quiero compartirte un poco de mi historia y de cómo llegué a este hermoso proyecto: durante mi infancia, nunca se escuchó en casa la palabra "dieta". Mi mamá se ocupaba de prepararnos comida balanceada: ensalada, sopa aguada (de verduras o caldo de pollo), plato fuerte (variado; carne, pollo, pescado), postre (gelatinas o fruta) y aguas naturales.

No compraba refrescos ni frituras. Además, formé parte de equipos deportivos dentro y fuera de la escuela.

Cuando llegaba el fin de semana o teníamos alguna fiesta, podía comer con tranquilidad todo lo que se servía en la merienda: hamburguesa con papas, hotdogs, tortas, refresco y pastel. La bolsita de dulces era el mejor postre.

Así, fui creciendo... Desde los 14 años hasta los 30, mi peso fue de 50 kg (110 lb), talla chica de blusa y 5 o 28 de pantalón de mezclilla. Realmente, era bastante sencillo comprar ropa. A veces, ni me la probaba; ya sabía que me iba a quedar perfecta.

A los 33 años me casé con el hombre de mis sueños, aquel muchacho que vi cuando yo tenía 16 y él 19 años, aquel que creía inalcanzable... Pues, sueño cumplido. Solo habían pasado 16 años para que ocurriera y, al fin, sucedió.

Me vine a vivir a Estados Unidos. Las Vegas, para ser más específica. Todo estaba más que perfecto: no trabajaba, mi esposo era mi príncipe azul, vivía en una ciudad de ensueño... Nada podía estar mal.

Con este cambio, comencé un proceso de adaptación. De vivir con mis papás, a vivir con mi esposo; de trabajar, a no hacerlo; de tener horarios de comida, a no tenerlos. Comía a la hora de mi ciudad natal y a la hora de Las Vegas (son dos horas de diferencia). No hacía ejercicio, ni nada por el estilo; solo comía y dormía, total, no tenía de qué preocuparme, ni en qué ocuparme. Empecé a engañarme y a justificarme diciendo que todo esto sucedía porque "me estaba acostumbrando" a mi nueva vida.

Cabe mencionar que mi esposo es noble y no me dijo nada hasta que subí 30 kilos (66 lb). Llegué a pesar 80 kg (176 lb) y a ser talla mediana o grande en blusas (holgadas, por supuesto) y talla 12 en pantalón de mezclilla. En una ocasión, lloré en un vestidor porque ocupaba una talla más grande. Fue una experiencia horrible para mí.

Entonces, fue cuando mi esposo me dijo: deja de quejarte y haz algo al respecto. No lo podía culpar de mi aumento de peso, porque él respetaba mi espacio y mis decisiones. Esa hubiera sido la salida más fácil, culparlo a él. Mas no era la solución. Toda la responsabilidad era MÍA.

Mis amigas me decían que la culpa era de la ciudad, porque en Estados Unidos es más fácil subir de peso. Que quien se viene a vivir acá, engorda…Sin embargo, yo veía a muchas mujeres delgadas… Algunas con cuerpo atlético y otras no, obviamente, la respuesta era no; la ciudad o el país no tenían nada que ver con mi aumento de peso.

Comencé una lucha mental, en la que mi mente me decía *"Acéptate tal y como estás"*, *"Las gordibuenas están de moda"*, *"ya te casaste y tu esposo así te quiere"* y muchas cosas más. Nada de eso me hacía sentir mejor, porque eso no era lo que yo quería. Cada que me veía al espejo me decía: *"Qué gorda"*, *"Qué fea"*, *"Mira que lonjas"*, *"Asco, la celulitis en mis piernas"* y más pensamientos negativos. Dejé de cuidarme, de quererme.

Mi sueño era poder caminar por la playa en bikini, de shorts y top, ¡me encantan! Poder andar en shorts en tiempo de calor (que en Las Vegas hace bastante), ir de shopping y, simplemente, agarrar blusas talla S (chica) con un 70 % de descuento ¡a gusto!

Como mucha gente, me inicié en el mundo de las dietas. Adiós a las harinas, refrescos, papitas o frituras. Bajaba de peso, pero al poco tiempo lo volvía a subir. ¡Llegué a tomar jugos por un mes completo! Claro, otra vez bajé de peso y lo volví a subir. Hice el reto del crossfit. Por supuesto que bajé de peso y por supuesto que lo volví a subir. Pensaba en tomar pastillas para adelgazar o en hacerme una operación, cosa que descarté definitivamente por miedo a que esto afectara seriamente mi salud. Sobre todo, después de ver varios testimonios de otras personas que no tuvieron buenos resultados.

Leí en algún lugar que *"Cuando el alumno está listo, llega el maestro"*. Así fue como comprendí que el problema no era mi cuerpo, sino mi mente. Me empezó a llegar información, libros, publicaciones, personas que hablaban del tema, de cómo las emociones nos engordan o no nos permiten adelgazar, del poder de los pensamientos y esas cosas.

Además, mi gran amiga Bertha empezó a adelgazar sin operarse ni tomar pastillas. Verla tan feliz después de eliminar 50 kg (110 lb) en 9 meses, brillante, fue lo que me hizo decir "Quiero eso. Si ella pudo lograrlo, yo también".

Sin embargo, me encontré con otro dilema: tenía la información, y ahora… ¿Cómo la aplicaría en mi vida? Todo estaba muy padre como lo dicen los libros y las personas que hablan en videos sobre ese tema, solo que yo no sabía por dónde comenzar.

Platicando con mi esposo, caí en la cuenta de que un coach me podía apoyar, pero.... ¿Cómo? ¿De qué manera me puede apoyar, si ya tengo mucha información? ¿Para qué me sirve el coaching? ¿Cuándo el coach me va a apoyar? Y muchas interrogantes más que cruzaron mi mente, incluyendo ¿puedo yo apoyar a más mujeres con el coaching?

Este libro va dirigido a todas las personas que, como yo lo estuve, están cansadas de probar de todo para tener el peso corporal que realmente queremos (sanamente) y no sabemos qué pasa cuando no lo logramos. Aquí te comparto lo que es el coaching y en qué el coaching de salud puede apoyarte. Deseo que puedas descubrir si las emociones están afectando tus hábitos alimenticios. Para ello, te comparto valiosas y prácticas herramientas de coaching que, si estás decidida, comprometida y con la firme intención de empezar a recorrer un nuevo camino de transformación, te serán muy útiles. Me enfoco en las mujeres, mas sé que a los hombres les puede ser también de gran apoyo.

Para dar base y refuerzo al mensaje que quiero transmitirte, realicé una investigación entre varios libros interesantes y páginas de Internet que te estaré mencionando, por si quieres ahondar más en el tema. Además, llevé a cabo una encuesta a puras mujeres que, como nosotras, están interesadas en este tema de nuestra salud: el coaching, la alimentación y tú.

Dime si alguna vez te has puesto a pensar seriamente en esto:

- *¿Cuál es la meta que quieres alcanzar en relación*

con tu peso?

- *¿Para qué quieres lograr esa meta?*
- *¿Qué dice tu peso de ti?*
- *¿Qué significa, para ti, estar en tu peso ideal?*
- *Si ya tuvieras el peso ideal para ti, el que va de acuerdo con tu salud, ¿cómo crees que cambiaría tu vida?*
- *¿Cómo te hace sentir lo que estás viviendo actualmente?*
- *¿Cómo te sentirás al lograr tu meta y estar en tu peso ideal?*
- *¿Qué dice tu voz interior al verte frente al espejo?*

Espero que en los siguientes capítulos pongas manos a la obra para alcanzar ese sueño anhelado y lograr ya esa meta. El momento es ahora; no hay más tiempo que perder.

Mi intención es transmitirte, de una manera sencilla, que no estás sola en este camino, como llegué a pensar yo. A pesar de que se hablaba mucho del tema, sentía que se trataba de algo superficial. Era típico escuchar que estaba exagerando, que así me veía bien. A veces me daban algún tip como *"Come más verduras"* o *"Sal a caminar"* cuando, en realidad, era un tema muy importante para mí y esos tips no bastaban en mi caso. A lo mejor, es algo que has vivido tú también.

Así que aquí, en este hermoso proyecto que es mi propio libro, me gustaría que tú encuentres la respuesta a esas preguntas que probablemente llevas tiempo haciéndote.

Espero poder poner en palabras sencillas y de la forma más fácil posible la complicada relación entre la alimentación, el coaching y tú... ¡Ah! Y las metiches emociones.

Cecy Araux

1

¿Qué es el coaching?

En la actualidad, escuchamos muchas veces la palabra "coaching" o vemos "coaches" por todos lados, así que aquí vamos a ver el origen y el significado del coaching para llegar todos a un mismo concepto.

Después de una extensa búsqueda entre libros e Internet, una de las mejores respuestas que encontré fue la de Oscar Lázaro Ramos (2018) dónde habla sobre el origen de la palabra coaching. Aquí nos cuenta la historia: a mediados del siglo XVI había en Hungría, cerca de Budapest, un pueblito llamado Kocs. Como este era de paso (estaba entre dos ciudades importantes), instalaron allí un negocio de carruajes para llevar a las personas desde un punto a otro. Este carruaje se llamaba *kocsi* (traducido en alemán: kutche, en italiano: cocchio y en francés: coach)[1]. Después, en los años setenta, el entrenador Timothy Gallwey, capitán del

---

[1] Ramos. (2018). Historia y Origen del Coaching, Antecedentes y Evolución. Recuperado de: https://es.scribd.com/document/350070827/HISTORIA-Y-ORIGEN-DEL-COACHING-docx

equipo de tenis de la Universidad de Harvard, comenzó a aplicar este término en el deporte.

Durante mi investigación, también aprendí gracias a la Escuela de Formación de Líderes (2018), que el primero en utilizar el coaching fue Sócrates (470 AC). Su método es conocido como *mayéutica* (este término se utilizaba para las parteras que ayudaban a las mujeres a dar a luz, solo que Sócrates traía la luz de la verdad, no a bebés). El método de la mayéutica de Sócrates proponía que, a través de sus preguntas, los alumnos encontraran ellos mismos sus propias respuestas[2].

En mi búsqueda del significado del coaching en la actualidad, encontré que Pedro Mórchon (CEO EYCO) lo describe como: *"Un proceso de acompañamiento que está orientado al desarrollo de personas, equipos y organizaciones. Este acompañamiento tiene como objeto la identificación de metas, evaluación del desafío, generar un plan de acción, revisión del mismo, consecución de los objetivos de forma sostenible en el tiempo"*[3].

Para mejorar este significado y tener una explicación clara sobre el concepto de coaching, seguí buscando más información. Por lo que encontré que la autora Talane Miedaner, en su libro *Coaching para el éxito* (2002) nos dice: *"El coaching o proceso de entrenamiento persona-*

---

[2] Escuela de Formación de Líderes (2018). Historia y Orígenes del Coaching. [Archivo PDF]. Recuperado de: www.formacionlideres.com/wp-content/uploads/EFL_Aspectos-Generales-de-Coaching_v2.pdf

[3] Mórchon, (s/f) COACHING El método definitivo de tu desarrollo personal y profesional. Recuperado de: http://exitoycoaching.com/coaching-el-metodo-definitivo/

lizado y confidencial llevado a cabo con un asesor especializado o coach, cubre el vacío existente entre lo que eres ahora y lo que deseas ser. Es una relación profesional con otra persona que aceptará solo lo mejor de ti y te aconsejará, guiará y estimulará para que vayas más allá de las limitaciones que te impones a ti mismo y realices tu pleno potencial" (p. 23).

De acuerdo con Irco, Centro de Formación, Terapia y Coaching, tenemos que el coaching es: *"Un proceso de cambio y aprendizaje. El Coaching es un proceso en el que se ayuda a las personas y a los equipos a mejorar sus posibilidades y facilitarles el modo de funcionar de forma más eficaz, tanto en el ámbito personal como en el profesional. Implica ayudar a superar barreras y limitaciones personales"*[4].

En la Escuela Europea de Coaching, mencionan sobre el coaching lo siguiente: *"Un proceso de coaching, individual o de equipo, es una oportunidad para explorar alternativas que puedan aportar nuevas posibilidades de acción con las que alcanzar metas extraordinarias"*[5].

Ahora, con mis palabras, te digo lo que para mí es el coaching: es un acompañamiento con metodología, es tener a alguien (un coach preparado profesionalmente) que te va a hacer las preguntas precisas en el momento correcto y que va a aplicar técnicas perfectas para ti, para que logres ser la

---

[4] IRCO. (s/f) ¿En qué consiste el Coaching. Recuperado de: https://www.irco-pnl.com/consiste_coaching.html
[5] Escuela Europea de Coaching. (s/f) Qué es EEC : Procesos de Coaching. Recuperado de: https://www.escuelacoaching.com/eec-escuela-coaching/

mejor versión de ti misma, para que conviertas ese sueño en un objetivo alcanzable, en una meta. La diferencia entre un sueño y una meta es ponerle fecha a ese sueño.

¿Has identificado algún "coach" en tu vida?

Hay quienes, por naturaleza, son coaches innatos, porque tienen habilidades desarrolladas que se usan en el coaching. Yo, sin haberme dado cuenta, vivía con una auténtica coach de vida en casa: mi mamá. Ella siempre ha visto lo mejor en mí, mi mejor versión. Me anima a volverlo a intentar cuando no me han salido bien las cosas y a hacer lo mejor posible. Sin embargo, no tiene las herramientas ni la metodología que se utiliza en el coaching profesional, ya que el coaching es una profesión que tiene sus propias reglas, ética profesional, técnicas y metodología (no por dibujar bonito la gente puede decir que es arquitecto, ¿verdad?).

Después, en mi adolescencia, tuve a mi coach cuando fui porrista. Lo odiaba; y lo amaba cuando veía el resultado final. Él fue un claro ejemplo de coach deportivo: sabía técnicas, rutinas, ejercicios para calentar y enfriar antes y después de un entrenamiento, cómo obtener mayor rendimiento... Siempre animándome a que podía lograr la meta, a practicar y volverlo a hacer. Aun así, cuando salí de esa etapa, no me quedé con nada para mi vida futura. Cabe mencionar que el entrenador deportivo sabe y aplica técnicas para que desarrolles habilidades físicas, ya sea que se ocupen en una competencia o en una temporada, tanto para un corredor de 100 metros planos como para un equipo de fútbol, técnicas que aumentan la concentración y el rendimiento. Cuando no logras tu meta deportiva, el entrenador te apoya a reducir la frustración y busca la manera de hacerlo mejor la próxima vez. En cambio, un coach va más allá de eso. Un coach procura que tú encuentres cómo brincar la barrera que te impide llegar a tu meta, ya sea por tus creencias, emociones o experiencias. Lo importante es que ve todos los aspectos de tu vida, no solo el deportivo.

Durante todo mi camino por la educación aparecieron algunos maestros importantes que veían en mí ese gran potencial. Por supuesto, cuando trabajé en empresas tuve jefes extraordinarios, solo que ninguno tenía las herramientas que utiliza un coach profesional. En realidad, me decían qué hacer, me dirigían, creyendo que era lo mejor para mí. Nunca me preguntaron si yo estaba de acuerdo con la manera en que ellos y ellas trabajaban, al fin de cuentas, eran los jefes y yo estaba feliz, bueno, no; estaba "bien". En realidad, te puedo compartir que ellos fueron mis mentores. A diferencia de un coach, el mentor te da consejos y te guía de acuerdo con el área en que son expertos. Te dicen qué camino seguir, cómo actuar, incluso cómo hablar ante algún tipo de personas. Como te digo, son expertos y te comparten sus conocimientos sobre el tema en cuestión.

Ahora, ya estás identificando a algunas personas que puede que sean coaches innatos y que han estado en tu vida, que lo tienen a flor de piel. Es como un talento, como cuando alguien sabe cocinar muy bien y, sin embargo, no es un chef. O alguien que sabe manejar un auto, no es un piloto de carreras de autos. Se requiere preparación, estudios, dedicación para lograr ser profesional.

Bien; entonces, de ahora en adelante vamos a dedicarnos a un tipo de coaching en particular.

¿Qué es el coaching de salud?

Durante mi investigación, me encontré con información de varios Health Coaches o Coaches de Salud que me apoyaron a comprender bien el concepto.

Beatriz Larrea, dice: *"Un Health Coach (o una, como en mi caso) es un asesor de salud. Es alguien que en función de tus características y necesidades, te guía para ir introduciendo poco a poco cambios en tu vida en materia de salud, alimentación y bienestar. Porque cada persona es un mundo y no todas las dietas pueden valer para cualquiera. A través de un programa personalizado, busca mejoras en tu salud:*

- *A corto plazo: que tengas energía, duermas bien, te veas mejor, tengas un peso ideal y te deshagas de problemas gastrointestinales.*
- *A largo plazo: que mantengas ese peso y ayudes a prevenir enfermedades degenerativas que como se ha demostrado están muy ligadas a nuestro estilo de vida y alimentación"*[6].

En la web coachingdesalud.com, nos comparten: *"El Coach de Salud aparece como pieza clave para hacer de puente entre la situación actual y la situación deseada, esa que te llevará a estar más activo y saludable. El camino que*

---

[6] Larrea, B. (s/f) ¿Sabes qué es? Recuperado de: www.beatrizlarrea.com/healthcoaching-2/sabes-que-es

te invita a recorrer no se basa en ofrecer información o dar consejos sobre lo que tienes que hacer (lo que sería la "educación tradicional al paciente"), sino en formular las preguntas que te permitan hacer un cambio de perspectiva hacia una posición de poder. Que transforme el "no puedo", "no sirvo", "soy así", en un "yo puedo", "estoy mejorando", "cada día soy más saludable". *El poder cambiar de perspectiva permite realizar las acciones necesarias para lograr los objetivos de salud. Durante las sesiones, el coach de salud te acompaña a descubrir de qué manera tu comportamiento presente (costumbres de alimentación, ocupaciones, hábitos etc.) está afectando a tu salud actual y amplía las perspectivas de actuación que te dan acceso a unos mejores resultados"*[7].

Ahora, en mi experiencia personal, te puedo compartir que un coach de salud trabaja con clientes o coachees para apoyarlos en el logro de sus objetivos de salud y bienestar. Al tratar las diferentes facetas de la salud desde un punto de vista integral, los *Health Coaches* apoyan a las personas para ser realmente saludables y sentirse mejor en todas las áreas de sus vidas. El coach de salud es un profesional que hace preguntas y aplica diferentes herramientas que hacen que tengas otra perspectiva de tu vida.

Este es el tema que a mí más me interesa, mi salud. Solo que no quería que me dijeran qué hacer… Siento como que ya terminé la etapa en la cual me dirigían todo el tiempo, ya sean mis padres o maestros (as), hasta jefes o jefas,

---

[7] Coaching de salud. (s/f) ¿Qué es… Coaching de Salud? Recuperado de: www.coachingdesalud.com/que-es/

incluyendo ciertas amistades. Al querer tomar las riendas de mi vida fue donde me topé en seco con los siguientes cuestionamientos: *¿por dónde empezar a cuidar mi salud? ¿Cómo le hago para cambiar lo que estoy haciendo ahora?*

Finalmente, ya tengo toda la información en mis manos. Sé lo que es y hace un coach de salud. Ahora, ¿qué sigue? ¿Por dónde comienzo?

Un "coach", en específico de salud, es una persona profesional en el área del coaching, que me guiará en todos los aspectos de mi salud, a encontrar mis propias respuestas y encontrarme a mí misma para estar mejor que nunca, y llegar a ser la mejor versión de mí misma. Justo lo que estaba buscando.

En mi opinión, los beneficios de estar apoyada por un coach de salud son muchísimos, entre los cuales te puedo comentar que uno de ellos es descubrir o diferenciar los momentos en los que puedo estar comiendo por emoción. Esto pasa porque existen situaciones en donde aparece una emoción que provoca una reacción en el cuerpo, generalmente inconsciente.

Somos seres integrales. Somos cuerpo, mente y espíritu, tenemos emociones y para gozar de un rendimiento óptimo requerimos que nuestro físico, mente y emociones estén en equilibrio, coherentes y en armonía. Todas las áreas de nuestra vida están entrelazadas... Por ejemplo: cuando estaba en la universidad, yo tenía alrededor de 20 años, trabajaba y vivía con mis papás, así que cumplía con las reglas de casa, estudiaba, trabajaba, hacía ejercicio y tenía vida social, todo al mismo tiempo, muchas veces el mismo día. Así que, si no desayunaba, no rendía en el trabajo, me ponía de mal humor o me dolía la cabeza, por la tarde-noche no me concentraba en la escuela. Si me hablaban mis amigas, no tenía ganas de platicar, no estaba de humor. Ni hablar de hacer ejercicio... Era una cadena.

Después, más adulta, muchas mujeres vivimos una vida parecida a esto: atendemos al esposo, hijos, casa, trabajo. Muchas estudiamos una maestría, doctorado, certificación o lo que queramos, visitamos o estamos en contacto con nuestros papás y hermanos. Además, buscamos vernos bien ante un estándar de la sociedad. Muchas veces, queremos ser delgadas o de una talla de ropa específica, nos maquillamos y peinamos de cierta manera, además de utilizar un tipo de ropa, ¿verdad que sí? Ahora, imagínate: este tipo de mujer, si no tiene una buena alimentación o tiene mala relación con el esposo, con el jefe (jefa), problemas con los hermanos o padres o algún familiar, demasiado estrés, pierde el equilibrio y, con ello, se ven afectadas las demás áreas.

¿Alguna vez te ha pasado que no desayunas y luego andas todo el día de mal humor? ¿O te molestas con tu esposo o hijos (o alguna persona cercana a ti) y andas irritable? ¿O tienes problemas en el trabajo o estudios y te desquitas con las personas de tu casa? ¿O estás todo el día comiendo y no sabes ni por qué?

Todo esto puede suceder porque, como somos seres integrales, es importante que todas las áreas de nuestra vida estén en equilibrio. De igual manera funciona nuestro cuerpo.

Podemos decir también que la salud no solamente es no

tener enfermedades físicas o no tener síntomas de algo. La Organización Mundial de la Salud (OMS) define la salud como: "*La salud es un estado de completo bienestar físico, mental y social, y no solamente la ausencia de afecciones o enfermedades*" [8].

Es decir, no podemos ver solamente la alimentación, porque si lo hacemos descuidamos otras áreas como trabajo, las relaciones familiares, el ejercicio, etc. Requerimos un equilibrio en nuestra vida, en nuestro día a día. Si emocionalmente no estamos bien, esto va a afectar nuestra nutrición y viceversa.

Es por eso por lo que el Coach de salud ve todas las áreas posibles para que tú puedas estar en equilibrio. Te apoya para que te des cuenta en qué área(s) estás sin soluciones y generar un resultado positivo, que comprendas cómo todo eso afecta a tu salud, incluyendo el peso.

Cabe mencionar que tanto el coach en general como el coach especializado en salud no es un asesor, como lo mencionan algunos autores. Un asesor solo aconseja o informa sobre el tema en cuestión, tal como lo hacen los maestros en la escuela o los jefes en el trabajo. En cambio, un coach sigue una metodología de acompañamiento, tiene herramientas para que encontremos nuestras propias respuestas, para comprometernos con nosotros mismos y alcanzar nuestras metas y objetivos y para mí, lo más importante: tomemos consciencia y responsabilidad sobre nuestra propia salud. Esto incluye el peso corporal.

---

[8] Organización Mundial de la Salud. (s/f) ¿Cómo define la OMS la salud? Recuperado de: www.who.int/es/about/who-we-are/frequently-asked-questions

Para comprender mejor a las mujeres que están en mi entorno, realicé una encuesta a cien de ellas. Considero que nosotras somos las que más estamos pendientes de nuestro cuerpo, de nuestra imagen. Desde que somos bebitas, elegimos qué queremos comer. Al principio, nuestra madre o quien nos cuida sabe lo que es saludable para nosotras en esa etapa. Aun así, si a un bebé no le gusta la comida, lo hace saber. Conforme vamos creciendo, vamos eligiendo qué, cómo, cuándo y dónde comer. Entonces, veamos los resultados que me parecieron interesantes.

Las edades fueron desde los 15 años, edad en la que, generalmente, se empieza a tomar más en cuenta el tema del peso, los kilos en el cuerpo y nuestra imagen en general, y llegaron hasta los 80 años, ya que conozco señoras que siguen pendientes de este dato (peso). El 45 % se encontraban entre los 40 y 50 años y el 35 % estaban entre los 30 y 40 años.

Entre estas chicas, vamos a ver que el 63 % comentaron que sí saben lo que es el coaching de salud. Para mí, esto nos indica que cada vez somos más las mujeres que queremos estar saludables, en nuestro peso de la mejor manera posible y solicitar apoyo de un profesional. Aquí es importante mencionar que no debe confundirse el concepto de coaching de salud con otro tipo de profesionales.

Con las redes sociales tenemos libertad de expresarnos. Yo creo que se ha confundido la profesión de coach de salud con personas que publican cosas no relacionadas con el coaching. Para mi es importante poner atención a esto, sobre todo lo relacionado con la salud. Lo que le puede hacer bien a una persona, a otra la puede dañar.

En lo personal, me he topado con publicaciones erróneas sobre características de alimentos en las redes sociales. Yo me he tomado el tiempo de investigar en otras fuentes; sin embargo, muchas personas creen en esas publicaciones sin buscar otras opciones de información y, por consecuencia, registran ese tipo de información errónea. Yo sugiero, en mi humilde opinión, revisar diferentes fuentes de información antes de hacer algo que pueda afectar tu salud.

Me gustó el libro *Nutrición Integrativa*, de Joshua Rosenthal (2012), en el cual comenta que la nutrición es la única ciencia donde todas las teorías pueden ser ciertas, porque cada cuerpo es diferente. Por eso, a una persona un tipo de dieta le adelgaza y a otra la engorda.

Por ese motivo, lo mejor es enfocarnos en nosotros mismos, así que:

- *Respecto a tu peso y tu salud, ¿cómo te ves dentro de cinco años?*
- *¿Cuál es tu objetivo, tu meta de peso?*
- *¿Qué te impide alcanzar tu meta?*
- *¿Qué estás dispuesta a hacer para alcanzar tu meta?*
- *Si tuvieras tu peso deseado, ¿cómo te sentirías?*

Sabemos que en particular para nosotras, las mujeres, no todo es comida y ejercicio. Tenemos toda una fábrica impresionante en nuestro cerebro y en todo nuestro cuerpo. Además, le agregamos las emociones, porque creo que nosotras, las mujeres, podemos ser más emocionales algunos días. Claro que nos afecta el hecho de que tenemos nuestro ciclo menstrual, donde podemos pasar por muchas emociones, como estar alegres, tristes, enojadas, con y sin energía ¡EN UN MISMO DÍA! Qué impresionante, ¿verdad? Incluso nos pasa que, en algunas ocasiones, no sabemos qué nos está pasando: a veces comemos más, comemos diferente o no comemos.

Entonces:

- ¿De qué manera una emoción puede interferir en tu manera de comer?
- ¿Cómo es posible que una emoción afecte mi peso y mi salud en general?

Por cierto, a todo esto:

¿QUÉ ES UNA EMOCIÓN?

Vamos a ver el tema de las emociones en el siguiente capítulo. Me parece relevante, porque con el apoyo del coaching de salud podremos darnos cuenta si el desequilibrio que tenemos es emocional y, llegado el caso, podremos encontrar la raíz de esa emoción y ponernos en acción, encontrar el camino hacia el equilibrio.

Acompáñame a entrar y conocer un poco más sobre el mundo de las emociones.

Cecy Araux

2

El reflejo de las emociones en los hábitos alimenticios

Para comenzar este capítulo, vamos a ponernos en la misma sintonía. Empecemos por definir primero qué significa la palabra emoción.

La Real Academia Española, en su Diccionario de la lengua española (www.dle.rae.es) define la palabra emoción como:

"Del lat. emotio, -ōnis.

1. f. Alteración del ánimo intensa y pasajera, agradable o penosa, que va acompañada de cierta conmoción somática.

2. f. Interés, generalmente expectante, con que se participa en algo que está ocurriendo"[9].

---

[9] Real Academia Española. (2014). Emoción. En Diccionario de la lengua española (23.a ed.). Recuperado de: https://dle.rae.es/?id=EjXP0mU

Daniel Goleman, en su libro *Inteligencia Emocional* (2010), nos dice:

"Todas las emociones son, en esencia, impulsos que nos llevan a actuar, programas de reacción automática con los que nos ha dotado la evolución. La misma raíz etimológica de la palabra emoción proviene del verbo latino movere (que significa moverse) más el prefijo <<e->>, significando algo así como <<movimiento hacia>> y sugiriendo, de ese modo, que en toda emoción hay implícita una tendencia a la acción" (p. 14).

En la página web Psicoactiva.com, de Marta Guerri nos dice lo siguiente:

"Las emociones son estados afectivos que experimentamos. Reacciones subjetivas al ambiente que vienen acompañadas de cambios orgánicos -fisiológicos y endocrinos- de origen innato. La experiencia juega un papel fundamental en la vivencia de cada emoción. Se trata de un estado que sobreviene súbita y bruscamente, en forma de crisis más o menos violentas y más o menos pasajeras" [10].

Joseph LeDoux, en su libro *El cerebro emocional* (1999), nos comparte sobre la emoción que:

"Cuando dirigimos una mirada introspectiva a nuestras emociones, las encontramos obvias y misteriosas a la vez. Son los estados de nuestro cerebro que mejor conocemos y que recordamos con mayor claridad. Sin embargo, a veces no sabemos de dónde proceden. Pueden cambiar lentamente o repentinamente, y las causas pueden ser evidentes o confusas. Aunque las emociones se encuentran en el seno de quienes somos, también parecen tener su propio orden del día, que

---

[10] Guerri. (s/f) ¿Qué son las emociones? Recuperado de: www.psicoactiva.com/blog/que-son-las-emociones/

normalmente se cumple sin tener en cuenta nuestra participación voluntaria" (p.25).

También tenemos la opinión de Mariano Chóliz, en su libro *Psicología de la emoción: el proceso emocional* (2005) en donde menciona que una emoción podría definirse:

"Como una experiencia afectiva en cierta manera agradable o desagradable, que supone una cualidad fenomenológica característica y que compromete tres sistemas de respuesta: cognitivo – subjetivo, conductual – expresivo y fisiológico – adaptativo" (p.4).

Lo que yo puedo compartirte es que, para mí, la emoción es como un escalofrío que recorre el cuerpo al momento de percibir una situación a través de mis sentidos. Dura poco, y provoca un pensamiento que se convierte en energía al pasar al cuerpo. A veces, hasta puede erizarte la piel o dejarte paralizada sin poder ni hablar. Para mí, es una señal que se manda al cerebro, luego este lo procesa y, finalmente, envía la información al resto del cuerpo.

Por ejemplo: cuando mi esposo y yo éramos novios, la relación fue a distancia. Cuando iba por él al aeropuerto, ver a los pasajeros del vuelo donde él venía, que se abriera la puerta correspondiente y saber que en cualquier momento lo vería a él hacía que sintiera una emoción que, por unos segundos, no me permitía respirar. Mi corazón latía más fuerte, el estómago se contraía y no podía evitar tener una gran sonrisa en mi rostro (al recordarlo, lo vuelvo a sentir). Ni siquiera me acordaba de comer.

¡Qué gran magia sucede en nuestro cuerpo en cuestión de segundos! Es algo maravilloso, a veces, hasta inexplicable. En ocasiones, incluso, no existen palabras específicas para describir lo que estamos percibiendo y experimentando en ese momento.

He descubierto que durante el día percibo diferentes emociones y que, al ser consciente de estas, he podido tomar mejores decisiones en mis hábitos alimenticios. Te seguiré platicando más adelante de este tema; por el momento, vamos a continuar con el siguiente punto. Aunque estoy segura de que sabes el concepto de la palabra comida y de que, al momento de leer o escuchar esta palabra, seguramente estés imaginando un suculento platillo, nada más para seguir en sintonía, voy a poner varios significados.

La Real Academia Española, en su Diccionario de la Lengua Española dice que la palabra comida, en una de sus definiciones, es:

"Lo que se come y bebe para nutrirse" [11].

En la página deconceptos.com tenemos que:

"La comida es todo aquello que ingerimos para poder subsistir, igual que lo hacen todos los seres vivos. Es lo que provee a nuestro cuerpo de vitaminas, hidratos de carbono, proteínas, grasa, etcétera; no todas en la misma proporción.

Algunas comidas no alimentan, lo que significa que las incorporamos a nuestro organismo, generalmente porque su gusto nos gratifica, pero nuestro cuerpo no resulta beneficiado, por ejemplo, con las llamadas comidas rápidas

---

[11] Real Academia Española. (2014). Emoción. En Diccionario de la lengua española (23.a ed.). Recuperado de: https://dle.rae.es/?id=9w3sObI

o comida chatarra (hamburguesas, papas fritas, salchichas, embutidos, etc.). Se come por hambre, por estados de ansiedad, por tentación y por gula"[12].

Para mí, comida es cuando algún ser vivo, planta, animal o ser humano, toma algo que contenga lo necesario para vivir y lo ingiere para nutrir su cuerpo. Creo que algunas plantas fabrican su propio alimento; sin embargo, no me voy a meter a detalle en ese tema. El punto es que, cuando ingerimos comida, es para satisfacer alguna necesidad.

Hablando específicamente de las mujeres, que es mi fuerte (soy mujer), como te decía en el párrafo anterior, cuando consumimos una comida es para cubrir algo. Este "algo" puede ser físico, como la necesidad que tiene nuestro cuerpo para seguir funcionando como debe de ser, tener energía, que nuestros órganos cumplan con su función correctamente, eliminar toxinas y muchas cosas más, ya que nuestro cuerpo es una máquina perfecta. También puede ser que con la comida podamos cubrir algún estado emocional, tapar un agujero lleno de emociones.

Ahora sí: ¿qué tienen que ver las emociones con la comida? MUCHO.

Yo entiendo que todo comienza por las señales que percibe nuestro cuerpo a través de los sentidos. Se puede generar una emoción que el cerebro procesa para enviar la señal a todo nuestro cuerpo. Veamos esto con más detalle.

---

[12] Deconceptos.com (s/f) Concepto de comida. Recuperado de: https://deconceptos.com/ciencias-naturales/comida

19

En el video documental *¿Y tú qué sabes?* (Senda 11:11, 2012), el Dr. Joseph Dispenza, la Dra. Candace Pert, el Dr. John Hagelin y Ramtha explican:

"La fisiología nos dice que las células nerviosas que se activan simultáneamente están conectadas, si haces algo una y otra vez, esas células tienen una relación prolongada.

Si todos los días te enfadas, si todos los días te frustras, si todos los días sufres, si en tu vida das motivos para ser una víctima, todos los días estás reconectando y reintegrando la red neuronal y esa red neuronal tiene ya una relación duradera con esas otras células nerviosas llamadas identidad. También sabemos que las células nerviosas que no se activan simultáneamente no se conectan, dejan de tener una relación duradera porque cada vez que interrumpimos el proceso de pensamiento, eso provoca una reacción química en el cuerpo. Cada vez que lo interrumpimos, esas células nerviosas que están conectadas empiezan a romper esa larga relación".

Los científicos continúan diciendo en el video documental:

"Cuando empezamos a interrumpir y observamos, no mediante estímulos y reacciones y esa reacción automática, sino mediante la observación de los efectos que conlleva, ya no somos la persona emocional consciente con cuerpo y mente que reacciona a su entorno como si fuera algo automático.

¿Significa eso que las emociones son buenas o son malas? Las emociones están concebidas para reforzar

químicamente algo en la memoria a largo plazo.

Toda emoción es una sustancia química grabada de forma holográfica.

La química más sofisticada del universo está ahí".

El video documental nos sigue enseñando que:

"Hay una parte en el cerebro llamada hipotálamo, es como una minifábrica, es el lugar donde se reúnen determinadas sustancias químicas que se corresponden con determinadas emociones que experimentamos, esas sustancias químicas se llaman péptidos, son pequeñas cadenas de aminoácidos.

En esencia el cuerpo es una unidad de carbono que fabrica en total unos veinte aminoácidos distintos para tener la fórmula de su estructura física. El cuerpo es una máquina que produce proteínas.

En el hipotálamo cogemos una pequeña cadena de proteínas llamadas péptidos y las ensamblamos en determinados neuropéptidos o neurohormonas que se corresponden con los estados emocionales que experimentamos diariamente. Así, pues, hay sustancias químicas para el enfado, sustancias químicas para la tristeza y también hay sustancias químicas para sentirse víctima y para la lujuria, hay una sustancia química para cada estado emocional que experimentamos.

En el momento en el que experimentamos un estado emocional en el cuerpo o en el cerebro, el hipotálamo ensambla de inmediato el péptido y luego lo suelta por la glándula pituitaria en el flujo sanguíneo, cuando llega a la sangre sigue su camino hasta distintos centros o distintas partes del cuerpo, cada célula del cuerpo tiene receptores en el exterior.

Una célula puede tener miles de receptores estudiando su superficie, abriéndose al mundo exterior de alguna forma, cuando un péptido atraca en una célula, literalmente, como si fuera una llave que se mete en una cerradura, se coloca en la superficie del receptor, se pega a él, lo mueve, como si tocara el timbre de una puerta, manda una señal a la célula"[13].

Se me hizo muy atrayente todo esto, así que seguí investigando para poder discernir esta información, de manera que se comprenda lo mejor posible. Aprendí en el libro *Nutrición integrativa*, de Joshua Rosenthal (2012) que existe algo que él llama "alimentos primarios" (p.160) y que se distingue de los alimentos regulares. Me pareció tan interesante que lo voy a compartir contigo.

Cuando el autor de este libro habla de "alimentos primarios", se refiere a algo más que a la comida física. Se refiere a las relaciones personales sanas, el ejercicio regular, una carrera profesional que te haga sentir realizada, la práctica espiritual (lo que sea que practiques y te de paz interior) y aquello que te llena por dentro y te hace sentir satisfecha en la vida. Cuando tenemos esto en equilibrio, es como si la vida nos alimentara, de modo que la comida física

---

[13] Senda 11:11 (2012), ¿Y tú qué sabes? [Archivo video] Recuperado de: youtube.com/watch?v=yw5Q9-YbFjY&t=80s

pasa a un nivel menos importante. De hecho, es muy probable que lo que comas sean cosas ligeras y nutritivas.

¿Te acuerdas cuando preferías estar jugando con tus amigas en la calle o en el parque? Cuando preferías andar en bici, corriendo o simplemente en una fiesta... Probablemente, en lo último que pensabas era en la comida. A lo mejor, ni cuenta te dabas que habían servido la merienda o te dabas cuenta de que era tarde cuando tus papás te hablaban para que te metieras a la casa porque era hora de cenar. A mí me daba la sensación de que me mentían, porque creía que era muy temprano para cenar. Aún tenía mucha energía y podía seguir jugando otro rato más.

¿Recuerdas el momento en que te sentiste enamorada? O cuando te encontrabas realizando algún proyecto de la escuela o un trabajo interesante para ti... Podían pasar horas y horas sin que te dieras cuenta de que no habías comido. Creo que todas hemos experimentado en algún momento una situación de estas. Pues a esto se refiere Joshua con los "alimentos primarios". Con esto, demuestra que todo es alimento, hasta esos momentos que te llenaban de energía.

En este libro de Joshua que te comento, *Nutrición integrativa*, aprendí que los carbohidratos, proteínas y esas cosas que hemos leído y escuchado y que consumimos como comida no nos proporcionan la alegría o la realización que sí nos dan los alimentos primarios. Sí se producen ciertos cambios químicos internos, solo que estos pasan rápidamente. Es como cuando un niño come azúcar y después anda alterado o necio, porque trae energía de más. Sin embargo, el efecto dura poco. Comer pan dulce provoca tranquilidad a muchas personas, hasta que se acuerdan de que estaban a dieta y vuelve el estrés.

Cuando no estamos satisfechas por estos alimentos primarios, es donde viene el problema o el detalle. Queremos satisfacernos con los alimentos secundarios, pues queremos tapar esa ausencia de alegría, de satisfacción, ese equilibrio que perdimos con la comida física. El sobrepeso es una de las consecuencias. Puedo mencionarte que después sigue la obesidad, quizás una obesidad mórbida más otras enfermedades, como las cardiovasculares (¿te has dado cuenta de que, últimamente, gente joven, como de 30 años, tiene infartos?), el cáncer, la diabetes y varias más.

Así que emociones tales como frustración, enojo, tristeza o decepción surgen por la falta de alimentos primarios (los que nos dan alegría, satisfacción, energía) y… ¿adivina con qué lo sustituimos? Exacto: con alimentos secundarios.

Pon atención a los momentos en los que vas a comer. ¿En qué momento del día se te antoja el pan dulce? ¿Por la tarde? Cuando sales de trabajar, quieres algo para relajarte; si no es pan, puede ser una cerveza, unos tacos, frituras. O lo que vemos en las películas… tristeza = comer un bote de helado completo. En mi caso, era servirme un plato hondo grande con papitas, frituras, limón, salsa, un vaso grande con hielo y un refresco (me gusta más lo salado). ¿Recuerdas que la sensación de bienestar dura muy poco tiempo? Enseguida vuelves a sentir el estrés o lo que sentías antes de comer. ¿Te sientes identificada?

Piensa qué pasa cuando estás alegre. A lo mejor, te subieron el sueldo, te felicitaron por el proyecto terminado, estás enamorada… ¿Te compraste algo que tanto deseabas? ¿Qué se te antoja comer? Ensaladas, frutas, verduras, aguas naturales… ¿Has notado estos cambios?

Deepak Chopra, en su libro *¿De qué tienes hambre?* (2014), comenta que estamos distraídas, que no ponemos atención cuando estamos comiendo. Me ha pasado que cuando estoy platicando de algo que me altera, cualquier tema, me puedo comer un plato mediano de frituras o cacahuates sin darme cuenta. De pronto, noto que el plato está vacío y lo peor del caso es que ni siquiera tenía hambre y que, peor aún, la emoción no desaparece, sigue ahí, más el estrés de que lo más seguro es que haya subido de peso después de todo lo que comí.

En otras palabras: tal como te decía en párrafos anteriores, la percepción a través de nuestros sentidos funciona como una cámara fotográfica, cuyas imágenes después pasan a nuestro cerebro como emociones. El cerebro las procesa, genera energía, y luego esa información va a todas las células del cuerpo.

- *¿Qué ves en ti a primera hora del día?*
- *¿Qué es lo primero que sientes y piensas cuando te ves al espejo por la mañana?*
- *Cuando vas rumbo al trabajo, ¿qué piensas?*
- *¿Qué te dices durante el día?*
- *¿Tus pensamientos son positivos o negativos?*
- *A la hora de comer, ya sea el desayuno, snack,*

comida, merienda o cena, ¿qué te dices cuando comes?

- *¿Qué piensas después de comer?*

Es importante poner atención a lo que pensamos y nos decimos internamente, porque muchas veces esto es el resultado de una emoción.

¿Qué piensas después de identificar una emoción? Por ejemplo: si al levantarme por la mañana me veo al espejo y no me gusta mi imagen, percibo una emoción de rechazo hacia mi cuerpo. De inmediato puedo pensar *"Qué fea estoy"* y sentir incomodidad, que va a desencadenar una sensación de malestar durante todo el día. A la hora de vestirme aparece el pensamiento *"Se me ve horrible"*. Al momento de comer, a cualquier hora del día, el pensamiento será *"Esto engorda y no lo puedo evitar"* y así seguirá la cadena.

- *¿Qué sucede si durante un tiempo repites el mismo pensamiento?*
- *¿De qué manera la repetición de un mismo pensamiento puede afectar a tus emociones?*
- *¿Qué tipo de pensamientos tienes constantemente que pudieran generar una emoción?*
- *¿En qué momento tus pensamientos provocan una emoción en ti?*
- *Si pudieras modificar la emoción que estás experimentando a través del pensamiento, ¿cómo sería ese pensamiento?*

Existen diferentes tipos de emociones. Volvamos al libro de Daniel Goleman, *Inteligencia Emocional* (2010). Allí dice:

"Existen centenares de emociones y muchísimas más mezclas, variaciones, mutaciones y matices diferentes entre todas ellas. En realidad, existen más sutilezas en la emoción que palabras para describirlas.

Veamos ahora -aunque no todos los teóricos estén de acuerdo con esta visión- algunas de esas emociones propuestas para ese lugar primordial y algunos de los miembros de sus respectivas familias.

- ***Ira:*** *rabia, enojo resentimiento, furia, exasperación, indignación, acritud, animosidad, irritabilidad, hostilidad y, en caso extremo, odio y violencia.*
- ***Tristeza:*** *aflicción, pena, desconsuelo, pesimismo, melancolía, autocompasión, soledad, desaliento, desesperación y en caso patológico, depresión grave.*
- ***Miedo:*** *ansiedad, aprensión, temor, preocupación, consternación, inquietud, desasosiego, incertidumbre, nerviosismo, angustia, susto, terror y en el caso de que sea psicopatológico, fobia y pánico.*
- ***Alegría:*** *felicidad, gozo, tranquilidad, contento, beatitud, deleite, diversión, dignidad, placer sensual, estremecimiento, rapto, gratificación, satisfacción, euforia, capricho, éxtasis y en caso extremo, manía.*
- ***Amor:*** *aceptación, cordialidad, confianza, amabilidad, afinidad, devoción, adoración, enamoramiento y ágape.*
- ***Sorpresa:*** *sobresalto, asombro, desconcierto, admiración.*
- ***Aversión:*** *desprecio, desdén, displicencia, asco, antipatía, disgusto y repugnancia.*

- ***Vergüenza:*** *culpa, perplejidad, desazón, remordimiento, humillación, pesar y aflicción"* (*p. 242*).

Puede haber combinaciones de varias emociones…

✓ *¿Te has identificado con una o varias emociones?*
✓ *¿Qué tipo de emoción relacionas con tus antojos?*
✓ *Suponiendo que tu respuesta ante una emoción sea comer y en ese momento no tienes comida a la mano, ¿qué otras opciones tienes para manejar esa emoción?*

Te has dado cuenta de que experimentas una emoción y como consecuencia comes, entonces ¿qué puedes hacer a partir de ahora?

En el libro de Mariano Chóliz, *Psicología de la emoción: el proceso emocional* (2005), aprendí que las emociones tienen tres funciones principales:

1. ***Adaptativas***: prepara al cuerpo para lo que tiene que hacer en caso de que alguna amenaza o emergencia suceda. Por ejemplo, si sentimos miedo, la reacción es protegernos; asco = rechazo; sorpresa = exploración, por mencionar algunas.
2. ***Sociales***: esto se refiere a que te ayuda a que los demás perciban tu emoción y así facilitar la interacción social. Es decir que, si estás feliz, puede ser más sencilla la comunicación con los demás en una reunión; si estás enojada, lo más seguro es que la gente te evada, por mencionar algunos ejemplos.
3. ***Motivacionales***: van muy de la mano. Una emoción puede darle energía a una conducta motivada, se puede realizar algo más vigorosamente. Por ejemplo: la ira va a generar

una conducta defensiva; la sorpresa te llevará a investigar aquello que llama la atención.

¿Te has dado cuenta de que la mayoría del tiempo estamos viviendo a través de alguna emoción o de varias emociones?

Deepak Chopra, en su libro *¿De qué tienes hambre?* (2014), nos comparte:

> *"La consciencia es la clave, porque a todos nos han adiestrado, por medio de un condicionamiento masivo, a dañar nuestro cuerpo de las siguientes maneras:*
>
> - *Comer inconscientemente, sin importarnos lo que hay en nuestra comida.*
> - *Perder el control de nuestro apetito.*
> - *Optar por raciones cada vez mayores.*
> - *Usar la comida por razones emocionales; por ejemplo, para aliviar el estrés de la vida cotidiana.*
> - *Recurrir a la comida más rápida que satisfaga nuestras ansias.*
>
> *Todos estos obstáculos están en un único lugar: la mente.*
>
> *La mente es la clave para perder peso y, cuando la mente está satisfecha, el cuerpo deja de ansiar demasiada comida"* (p.14).

Me doy cuenta de que varios autores tienen un pensamiento similar respecto de este tema. Primero, se genera una emoción, y después, tomamos decisiones respecto a la comida. Piensa, analiza por un momento alguna situación que hayas vivido el día de hoy, durante el día... Algo que te haya generado una emoción. Después de eso, ¿te dio hambre? ¿Qué comiste?

✓ *¿Qué pasaría si la emoción cubre tu "alimento primario"?*

✓ *¿Qué tipo de comida ingeriste?*

✓ *¿Qué puedes hacer para satisfacer tu interior y tomar mejores decisiones al comer?*

Hasta ahora, es probable que hayas podido identificar que después de experimentar alguna emoción se puede desencadenar la sensación de tener hambre. Entonces:

✓ ¿Para qué comes?

✓ ¿Comes para nutrir tu cuerpo o para cubrir una emoción?

En la encuesta que realicé, pregunté si habían utilizado algún método para bajar de peso. Como podemos ver en la imagen a continuación, el mayor porcentaje respondió que habían hecho dieta. Para mí, esto es lo más común y de fácil acceso, ya que hoy en día hay mucha información en Internet sobre dietas, o bien las personas a tu alrededor fácilmente pueden darte tips para adelgazar que probablemente a ellas les funcionaron y creen que a ti también te pueden funcionar. Tal vez, por decisión propia, decidiste privarte de algún alimento o de varios alimentos (pan, tortillas, refrescos, etc.).

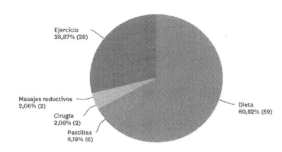

¿Haz utilizado algún método para bajar de peso?
Answered: 97 Skipped: 40

Ejercicio
28,87% (28)

Masajes reductivos
2,06% (2)

Cirugía
2,06% (2)

Pastillas
6,19% (6)

Dieta
60,82% (59)

La siguiente pregunta fue si creían que las emociones tienen relación con los hábitos alimenticios. La mayoría respondió que sí, como vemos a continuación:

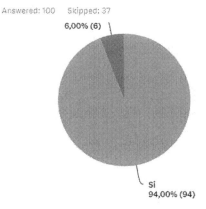

¿Crees que tus emociones tienen relación con tus hábitos alimenticios?
Answered: 100 Skipped: 37

6,00% (6)

Sí
94,00% (94)

Mi conclusión personal es que las mujeres a quienes realicé la encuesta, si bien se dan cuenta de que alguna emoción les afecta a la hora de tomar la decisión de qué comer, se enfocan más en hacer dieta, en buscar cómo cambiar el físico, y no en identificar cuál es la emoción que puede estar provocando que tengan hábitos alimenticios poco saludables. Con el coaching, se puede descubrir cuál es la emoción que te está afectando en la manera de comer y, por consecuencia, en el peso corporal.

Podemos estar en un círculo. Por ejemplo, experimentamos una emoción y decidimos comer. Lo que comemos puede afectar cómo nos sentimos. Si comemos demasiado, podemos sentir sueño, cansancio. Si sabemos que comemos lo que engorda o lo que no debemos, es probable que lleguemos a sentir remordimiento, vergüenza, incluso enojo con nosotras mismas.

De igual manera, el cómo nos sentimos puede afectar nuestras emociones y nuestra manera de comer. Es decir, pasa lo que vemos en las películas: la protagonista está triste y ¿qué hace? Agarra el bote de helado y se lo come completo frente a la televisión. ¿Has experimentado eso? De igual manera, cuando estamos en la etapa de enamoramiento nos sentimos emocionadas y es posible que queramos vernos bien, así que es probable que se nos antojen las ensaladas, lo saludable y hasta tengamos ganas de hacer ejercicio. ¿También te ha pasado?

El inconveniente es que, cuando no tenemos identificada la emoción o emociones, entonces no podemos manejarlas y ese círculo del que te comentaba se vuelve un círculo vicioso, se convierte en algo negativo. Por ejemplo: te ves al espejo, no te gusta tu imagen, puedes llegar a sentir vergüenza, culpa, coraje, enojo. Después, vas a comer y lo primero que quieres es algo de pan, dulces y ¿qué pasa? Engordas un poco más. De nuevo te ves al espejo, te rechazas otra vez y vuelves a experimentar una emoción que te genera hambre de algo que solo te satisface momentáneamente. ¿Comprendes?

Es muy relevante que volvamos a conectar con nosotras mismas, con nuestro cuerpo, con nuestro ser, para que podamos darnos cuenta de cuándo estamos experimentando una emoción, la que sea. Puede ser positiva o negativa, eso no importa. Lo interesante es que, al estar conscientes del tipo de emoción, podemos tomar mejores decisiones sobre la manera de alimentarnos.

La relación entre las emociones y la alimentación es mucho más importante de lo que pensamos. Para mí, es como el 1 y el 2, uno seguido por el otro y a veces también podría suceder al revés.

El abuso de este círculo vicioso puede hacer que cada vez nos sintamos más cansadas y busquemos más comida para obtener una satisfacción momentánea. Esto puede provocar que tengamos serios problemas de salud, es una reacción en cadena negativa.

Yo creo que en cuanto tengamos consciencia de la emoción que sentimos en un momento determinado, podremos tomar la acción adecuada y así tomar las mejores decisiones a la hora de alimentarnos.

Hay que tomar en cuenta la parte de nuestro subconsciente, que actúa de manera automática, interpreta y almacena la información que recibimos a través de nuestros sentidos.

Una característica de nuestro subconsciente es que

funciona a través de símbolos e imágenes, de modo que no entiende de símbolos o textos negativos. Ahora, imagínate que cada vez que ves escrito *"NO DEBES COMER PAN"*, ¿qué crees que pasa? ¡Claro! Se te antoja el pan. Prácticamente, el cerebro solo leyó *"Debes comer pan"*.

Las veces que yo he intentado hacer dieta, me he dado cuenta de que cuando leo: *"Hoy no debes comer carne"*, lo único que quiero hacer es comer carne, aunque ame comer pollo. De igual manera, cuando me dicen *"No debes tomar refresco"*, solo pienso en tomar refresco, a pesar de que a mí no me gusta el refresco. Imagínate la confusión que vivía en mi cabeza... No es una regla que esto siempre suceda; sin embargo, hay una gran posibilidad de que te pase en algún momento.

Cuando comemos al sentir tristeza, ansiedad o alguna emoción, es cuando se dice que estamos comiendo emocionalmente. De alguna manera, es probable que estemos tapando con la comida alguna situación más profunda. Entonces, volvemos al círculo vicioso de sentir una emoción - comer - emoción, y así sucesivamente.

Hoy en día, tenemos mucha información en Internet y en libros de autores maravillosos que nos pueden dar ideas de cómo alimentarnos cuando estamos pasando por situaciones emocionales y así mejorar nuestro desarrollo personal. Como yo en este libro, que deseo apoyarte para que identifiques si estás comiendo para cubrir el hambre emocional o el hambre físico.

A lo largo de este capítulo, hemos visto la relación que

tienen las emociones con la comida.

- *¿Qué situación te ha ocurrido a ti?*
- *Al momento de comer, ¿qué piensas de lo que vas a comer?*
- *¿Qué emoción (es) identificas al momento de sentir hambre?*
- *¿Cómo vas a elegir lo que vas a comer?*

Como ya te he comentado, tengo varios regalos para ti. Te comparto el primero:

Si te has dado cuenta de que el hambre que sientes es por ansiedad o por estrés, que es lo que más comúnmente padecemos en estos días tan acelerados que vivimos, entonces esta técnica de la programación neurolingüística que utilizamos los coaches es para ti. Es muy sencilla y la puedes llevar a cabo a cualquier hora, en cualquier momento.

Si en algún momento, al comenzar o antes de terminar tu día quieres volver a conectar contigo misma, esta herramienta es especial. A mí, en lo personal, me encanta. Con una bebé en casa, disfruto mucho de este momento conmigo misma. Cuando la bebé toma una siesta aprovecho para aplicarla, así suelto el estrés y vuelvo a ser yo, a conectar con mi verdadera esencia. A mí realmente me funciona y, por ese motivo, te la obsequio.

Solo regálate 10 minutos para estar contigo misma.

Objetivo: relajarse suavemente. Este ejercicio te ayudará a profundizar más en la relajación. Según la concentración que logres, descansará tu sistema nervioso.

Sugerencia: puedes hacer este ejercicio a la mitad de un día de trabajo o a cualquier hora de un día agitado. Solo toma unos minutos y la sensación de energía al volver a abrir los ojos te permitirá continuar tu día con más ánimo y mejor humor. También evitas el desgaste del sistema nervioso.

Para quienes tienen problemas de insomnio, les puede ayudar a dormir y seguir durmiendo toda la noche.

Después de varias veces, lo harás sin leer el texto y usando tus propias palabras, que serán más efectivas. Es muy sencillo aprender este ejercicio.

Lo puedes grabar y tenerlo en tu celular o en algún dispositivo que tengas a la mano. Dura aproximadamente de 5 a 10 minutos y lo puedes repetir las veces que quieras. Procura no tener interrupciones.

Sigue estos pasos:

- Siéntate en lugar cómodo, con la espalda completamente en el respaldo, tus manos sobre los muslos con las palmas hacia arriba, los pies completamente en el suelo.
- Con los ojos abiertos, visualiza frente a ti, por un momento, el número 100.
- Inhala y exhala. Después, imagina el número 99 y continúa así hasta llegar al 96, con respiración profunda entre cada número.
- Ahora los números desaparecen. Cierra los ojos, respira profundamente, suelta los músculos y empieza a relajarte.

- Mientras continúas con la respiración, imagina que llegas a unas escaleras eléctricas que van al piso de abajo. Las escaleras van al nivel A. Repite la letra A en tu mente y esto te relajará mucho más.

- Al llegar abajo, aparecen otras escaleras iguales que te llevarán al nivel B. Repite la letra B en tu mente y tu relajación física y mental es ahora diez veces mayor. Respira profundamente.

- Al terminar este tramo, encuentras otras escaleras que te llevarán al nivel C. Repite la letra C. En este punto, tu relajación física y mental será diez veces más. Sientes una tranquilidad muy agradable. Respira profundamente.

- Ahora la relajación es total, te encuentras muy tranquilo. El sistema nervioso se recupera, se fortalece y tú descansas en estos pocos minutos, lo disfrutas y lo aprovechas.

- Ahora, poco a poco, siente tu respiración, si es rápida o despacio. Mueve cada parte de tu cuerpo despacio, empezando por los pies, después las piernas, el torso, continúa con los brazos y manos, después el cuello y la cabeza. Poco a poco te vas ubicando en el lugar donde estás. Cuando abras los ojos, te sentirás perfectamente alerta y relajada. Toma aire un par de veces y abre los ojos.

Cuando sientas que no está yendo bien tu día, que el estrés te supera, que no puedes tomar una decisión, haz un alto, respira profundo y tómate un tiempo para llevar a cabo esta técnica y así continuar con tu día. Verás cómo con un cuerpo relajado y la mente tranquila podrás tomar mejores decisiones; sobre todo, al momento de comer.

Si durante el día no es la hora de ingerir alimentos, entonces...

- *¿Qué puedes hacer?*
- *¿Con qué elementos crees que puedes complementar esta técnica para hacerla única para ti?*
- *¿Cómo te sientes?*
- *¿Cómo elegirás ahora tu menú para comer?*
- *¿En qué te vas a enfocar ahora?*

¿Te gustó este regalo? Aún hay más para ti.

3

El coaching como apoyo en la toma de mejores decisiones a la hora de comer

Hemos visto lo que es el coaching de salud, el significado, lo que hace y lo que no hace un coach, el significado de las emociones, tipos de emociones, cómo estas afectan a la hora de comer y una técnica de relajación para evitar comer provocada por alguna emoción.

En la encuesta que realicé pregunté si estarían interesadas en conocer como el coaching de salud permite que las personas logren resultados en sus metas relacionadas con su alimentación y la respuesta me gustó.

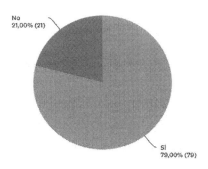

Así que, manos a la obra. Es necesario que tu coach de salud sepa sobre ti, desde qué punto vas a partir y hacia dónde quieres llegar (la meta). Para mi, es más importante aún que te descubras a ti misma, tomes consciencia de tu situación actual.

Es normal y muy común que muchas personas digan *"Quiero bajar de peso"*, *"No me gusta cómo me veo"*, *"Estoy gorda"*, *"Nadie me quiere por cómo me veo"*, etc. y esto se vuelve el tema de conversación en muchas reuniones entre amigas o familia. A veces, hasta parece una competencia para determinar quién sufre más por su aspecto, quién hace más cosas para lograr el cuerpo soñado y no lo logra o quién se daña más físicamente. Solo que esto no se lo dicen las amigas, nada más decimos o escuchamos decir *"Cuídate"*, y una lista de sugerencias que, en muchas ocasiones, siguen dañando nuestro cuerpo. ¿Qué piensas cuando escuchas este tipo de comentarios?

Entonces, para empezar, como he estado mencionando a lo largo de este libro, el coaching es una metodología de acompañamiento. El coach va a estar contigo hasta que logres tu meta... ¿cuál meta? La meta que tú misma te propongas alcanzar... Un peso corporal específico o alguna talla de ropa de alguna marca en especial, algo que pueda ser alcanzable y medible. Tu coach de salud te puede apoyar a especificar esa meta personal si no la tienes muy clara.

En la ACCA (Academia de Coaching y Capacitación Americana) nos enseñan una poderosa herramienta para saber cuál es nuestro punto de partida, nuestro punto A. Esta herramienta se llama "eneagrama" y se realiza en compañía de tu coach. Como este libro es de autodescubrimiento, te compartiré una adaptación llamada "Rueda de Bienestar Integral". Es una creación mía inspirada en dos herramientas: la Rueda de la Vida, propia del coaching y ampliamente conocida, y el Eneagrama de Vida, herramienta de diagnóstico de satisfacción momentánea en las diferentes áreas de la vida, patentada por la ACCA. Más adelante, pondré ejemplos gráficos de mi Rueda de Bienestar Integral.

Como te comentaba anteriormente, somos seres integrales; no podemos ver solo una parte de nuestra vida sin voltear a ver el resto. Para definir el punto de partida, donde vamos a comenzar. Ten en cuenta que cada persona es única, somos diferentes cada una de nosotras.

Cada decisión que tomamos tiene una consecuencia, cada acción tiene una reacción. Por eso, estamos conectados a varias áreas de nuestra vida; por eso, vemos las zonas más relevantes de tu vida.

Esto es importante, veremos la satisfacción que tienes en las diferentes áreas de tu vida y salud en el momento actual y tendremos la oportunidad de reflexionar sobre ellas. Vas a poder fijar tus objetivos conectando con tu esencia, con tu ser interior, estando presente en el aquí y ahora. Con esto podrás saber cuál es tu punto de partida, por dónde comenzar.

Al fijar tus metas y objetivos conectando desde tu SER, es vital que seas lo más honesta posible. Es algo personal, solo va a ser tuyo.

Con esta herramienta podrás ver y darte cuenta a qué area de tu vida puedes darle prioridad o requieres mayor atención y empezar a hacer algo al respecto, si tú así lo deseas.

En la siguiente página te muestro un gráfico de como, aproximádamente sería una rueda de bienestar integral, los conceptos que pudiera abarcar:

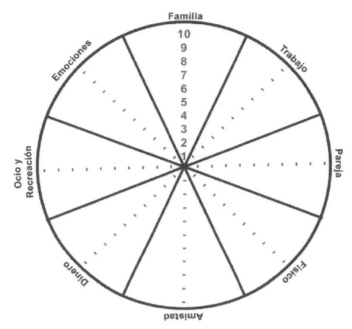

Rueda de Bienestar Integral

Como puedes observar, en la Rueda de Bienestar Integral vemos áreas generales, tales como físico, amigos, mente, familia, trabajo, dinero, ocio y pareja. A lo mejor, tú me dices que no trabajas, que eres ama de casa (que en mi punto de vista es un trabajo). Entonces, en lugar de trabajo, cambiamos por hogar. Con el mismo criterio, en lugar de ocio, puedes poner viajes. Puede tener muchas variantes, porque es personalizado, adaptado para ti.

Este tipo de rueda responde a la pregunta: *¿Qué tan satisfecha estás en cada una de estas áreas?*, donde el 0 (cero) es lo mínimo y el 10 lo máximo.

También es válido tener ausencia en áreas, es decir dejar áreas en blanco o poner cero, porque es tu satisfacción actual.

✓ ¿Qué áreas de tu vida requieren tu mayor atención?

✓ ¿Qué puedes hacer para tener tu Rueda de Bienestar Integral en equilibrio?

En mi caso en particular te comparto que puse con bajo puntaje ocio y recreación, físico y mente. Con esta información puedo aplicar la herramienta siguiente, que puedes hacer tú sola o con el apoyo de tu coach (para mí, fue la mejor opción).

Al enfocarnos en un área en particular, podemos identificar qué hábitos están influyendo en la alimentación y están afectando el equilibrio en nuestra vida. Aquí podemos responder a la pregunta: *¿Con qué frecuencia practicas este hábito?* de la misma forma, el 0 (cero) es lo mínimo y el 10 lo máximo.

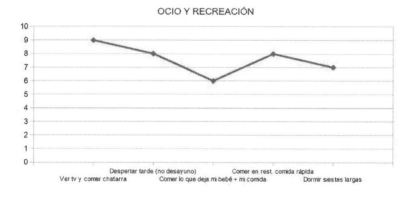

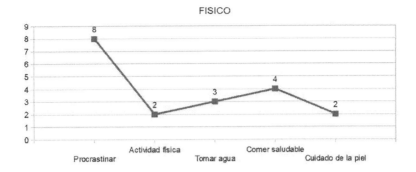

FISICO

Al ser 100 % honesta en mis respuestas, fue realmente impresionante darme cuenta de los malos hábitos que estaba teniendo. En consecuencia, mi salud no era la óptima ni el peso corporal era el que yo quería. Te confieso que lloré cuando vi mis resultados. Es importante permitirte sentir y tomar consciencia de tus emociones al ver tus resultados, porque eso te lleva a la reflexión, a sacar tus propias conclusiones y a tomar decisiones al respecto.

Si te das cuenta de que el área de emociones de tu Rueda de Bienestar Integral no está en equilibrio, puedes enfocar la siguiente herramienta en las emociones. Si eres sincera contigo misma te podrás dar cuenta de lo que sucede en el aquí y ahora en tu vida, una vez identificadas las emociones repetitivas dañinas o utilizando las que te propongo a continuación. Aquí vas a responder a la pregunta: *¿Con qué nivel de intensidad experimentas estas emociones antes de comer?* Puede ser a medio día, a la hora del desayuno, en la cena, eso tú lo decides. De igual manera 0 (cero) es lo mínimo y 10 lo máximo.

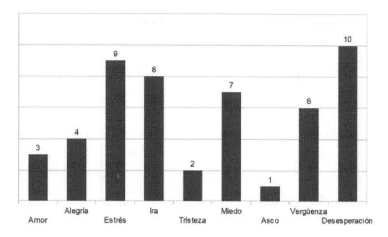

En este ejemplo puse con mayor puntuación la desesperación y el estrés. Al darte cuenta de esto, ya puedes comenzar a hacer cambios significativos para volver a tener tu equilibrio natural.

Puedes cambiar los conceptos una vez más. Estos pueden estar enfocados en temas relacionados con tu salud. Todo depende de tu situación personal, si tienes alguna enfermedad en específico o quieres eliminar el sobrepeso o la obesidad. En mi opinión, un ejemplo podría ser una persona con alguna enfermedad degenerativa o crónica, como por ejemplo diabetes, que, por lo tanto, requiere cierto tipo de seguimiento para volver a tener su salud óptima.

En esta ocasión, vamos a enfocarnos en bajar de peso. Desde el punto de vista lingüístico, es más efectivo decir los kilos que sí queremos tener. Podemos decir: quiero pesar 5 kg menos o pesar 50 kg.

Como puedes notar, la herramienta que acabo de presentar puede ser más específica en cuanto a los hábitos para tener el peso corporal saludable que tú quieras.

Ahora, ¿de qué manera puedes profundizar en esta herramienta?

Para obtener los mejores resultados con estas herramientas es de suma importancia ser 100 % honestas con las respuestas. Si lo haces con el apoyo de tu coach de salud, ten por seguro que no te va a juzgar o criticar si no estás cumpliendo con alguna de tus áreas. No hay ni bueno ni malo, solo estar presente en tu situación actual y apoyarte a lograr tus objetivos. Recuerda que es para tomar consciencia de dónde partir, por dónde comenzar y cómo estás en el día de hoy. Con esto puedes reflexionar y conectarte con tu interior.

Lo ideal es realizarlo durante una sesión de coaching. No estarás sola, recuerda que el proceso de coaching es de acompañamiento. Sin embargo, lo puedes hacer en este momento. ¿Te animas a utilizar estas herramientas?

- ✓ *¿Cuáles fueron tus resultados?*
- ✓ *¿Te diste cuenta de lo que sucede en tu día a día?*
- ✓ *¿Cuál es la emoción que predomina durante tu día?*

Recuerda que es tu resultado, como te decía hace rato. Ten presente que el coach no te va a juzgar, ni hará comentario alguno; es tu momento, tu espacio y avanzarás tanto como tú lo elijas. El compromiso es contigo misma.

Seguimos con otro punto importante, el análisis F.D.O, es decir:

En este análisis vamos a encontrar Fortalezas, Debilidades y Oportunidades en cada uno de los hábitos de la herramienta anterior. De esta forma, sabremos qué acción tomar.

✓ *¿Qué fortalezas tengo para poder cambiar ese hábito?*
✓ *¿Qué debilidades tengo que me dificultan cambiarlo?*

Y trabajar convirtiendo las debilidades en oportunidades desde nuestro SER:

<u>Procrastinar</u>:

	POSITIVO		NEGATIVO
INTERNO	FORTALEZAS	OPORTUNIDADES	DEBILIDADES
	-Comprometida -Decidida	-Enfocada -Motivada	-Distraída -Flojera

Con esta herramienta podemos apreciar desde qué punto vamos a partir, dónde vamos a comenzar este nuevo camino de cambios y transformación hacia un nuevo estilo de vida, hacia tus sueños, identificar y empezar a transformar las debilidades en oportunidades desde el ser y mejorar lo que haces, para que con el tiempo y a través de la reprogramación, se conviertan en fortalezas.

La manera de hacer la reprogramación es a través de la repetición, así que del análisis F.D.O vamos a tomar las debilidades y convertirlas a frases en positivo. Tomando este mismo ejemplo quedaría la frase así: *"Soy enfocada", "Soy activa".*

Como te expliqué en el capítulo anterior, al hacer repeticiones, se establecen nuevas conexiones neuronales en nuestro cerebro, además de tenerlo presente durante el día. Así comenzarás a crear nuevos hábitos, los que necesites y te apoyen para alcanzar tu meta, que ahora estamos con la del peso corporal ideal y saludable.

Respecto al tema de los hábitos, en mi investigación me

encontré con la página de Gustavo Novelo[14] donde comenta como referencia al Dr. Maxwell Maltz (1899 - 1975), un cirujano que se dio cuenta que a sus pacientes les tomaba alrededor de veintiún días adaptarse a su nuevo estilo de vida, refiriéndose específicamente a la amputación de alguna extremidad. Por lo tanto, se toma como referencia que es probable que en veintiún (21) días puedas incorporar un nuevo hábito a tu vida. Sin embargo, como todos somos únicos, cada uno tiene su propio tiempo. En mi experiencia personal, yo ocupo más, como unos sesenta días. Incluso lo apunto y lo reviso cada veintiún días, por si aún no tengo bien firme el hábito que quiero, seguir poniendo atención a esta repetición en particular.

Es importante tomar en cuenta que primero modificamos nuestro **pensamiento**, más adelante nuestro **ser**, después el **hacer** (acción), y como resultado, el **tener** (alcanzar la meta).

Más adelante, tu coach de salud, a través de preguntas poderosas te va a apoyar a identificar realmente cuál es tu sueño y convertirlo en tu objetivo, tu meta. A lo mejor llegaste con tu coach con alguna idea sobre el objetivo que querías lograr y después de las herramientas como la Rueda de Bienestar Integral y el F.D.O puedes tener mejor claridad sobre tu verdadera intención, tu objetivo más profundo, el que está en tu corazón.

Las preguntas poderosas son aquellas que tienen la intención de hacerte reflexionar, de que busques en tu interior la respuesta. Son precisas, suelen comenzar con las palabras **qué, cómo, cuándo o dónde,** te pueden llevar a la acción, se centran más a los objetivos

---

[14] Novelo, (s/f) ¡Cambia tu vida!: un método de 21 días. Recuperado de: https://psicologiaaldia.com.mx/cambia-tu-vida-un-metodo-de-21-dias/

que a los problemas, te llevan hacia el futuro, contienen presuposiciones poderosas.

- ✓ *¿Qué te gustaría conseguir?*
- ✓ *¿Cuáles son tus objetivos?*
- ✓ *¿Qué metas te has planteado?*
- ✓ *¿Qué es lo que quieres?*
- ✓ *¿Qué es lo importante para ti en esto?*
- ✓ *¿Qué estas dispuesto a hacer diferente para lograr esto?*
- ✓ *¿Qué es lo que estás dispuesto a cambiar?*
- ✓ *¿Para qué quieres alcanzar esa meta?*
- ✓ *¿Qué te va a aportar cuando llegues a la meta?*
- ✓ *¿De qué manera va a afectar a tu entorno?*
- ✓ *¿Cómo puedes alcanzar tus objetivos?*
- ✓ *¿Cómo te ves en cinco años?*
- ✓ *¿Cuándo vas a empezar?*
- ✓ *¿Dónde te ves en un futuro cercano?*

Por ejemplo, yo puedo llegar con mi coach y decirle que, como meta, quiero pesar solo 10 kg menos, porque con eso creo que voy a sentir más energía, estar saludable y verme bien. Entonces, a través de las herramientas que te he descrito y, a lo mejor, otras técnicas que mi coach aplique, yo descubro que, en realidad, lo que tengo es miedo a no ser lo suficientemente buena como esposa para mi esposo. Entonces, a raíz de esta toma de consciencia, la meta cambió a *"Valorarme como mujer y esposa"* -donde requiero trabajar la creencia limitante de, por ejemplo, *"No soy lo suficientemente buena"*. De esa forma, apareció lo que realmente está en el fondo de mi corazón.

Ya empezamos a recorrer un gran camino de cambios, ese sendero que te llevará a cumplir tu sueño, que, a estas alturas, ya podemos llamar meta. **La diferencia entre un sueño y una meta es ponerle fecha**, porque ya te has dado cuenta de que sí es posible lograrlo y estoy segura de que lo vas a conseguir.

Veamos ahora de qué manera el coaching te va a apoyar con tu meta:

El coaching se va a centrar en tu meta y en cómo lograrla. Aquí, lo importante es esa meta que tanto has deseado. El coach te va a apoyar en el descubrimiento de la estrategia que mejor funcione contigo, con tu manera de ser. Eres un ser único en este mundo, así que es algo muy personalizado; no va a haber otra estrategia igual. El coaching no se enfoca en el pasado, lo hace a partir del presente y hacia adelante.

El coaching te motiva a conocer tus valores y vivirlos para alcanzar tus metas. Esos valores son los que tenemos como seres humanos, es lo que realmente te importa. Son estados mentales; son intangibles como la honestidad, respeto, amor, lealtad, libertad, integridad, seguridad, amistad por mencionar algunos.

También con el coaching vas a ver las creencias que tienes, principalmente las que posiblemente sean limitadoras y no te permiten alcanzar tus metas. Te va a apoyar a reforzar esas creencias positivas que te dan impulso para llegar hasta donde quieres.

Por eso, tu proceso de coaching es único. Es tuyo, no va a ser igual al de una amiga tuya o al de tu hermana, aunque hayan ido con un mismo coach.

Es probable que, al empezar el camino hacia tu meta, te

encuentres con obstáculos que van a hacer lo posible por impedir que llegues a esta. Eso es algo que a todos nos pasa; sobre todo, si hablamos de temas de dietas y peso corporal o queremos cambiar hábitos alimenticios. Con el coaching podrás encontrar esos obstáculos y tendrás la oportunidad de entenderlos y superarlos.

Es muy fácil sabotearnos a nosotras mismas. Puede ser que no estemos acostumbradas a salirnos de nuestra zona de confort y que, al tomar una decisión definitiva, tu cerebro diga: *"¡Hey, espera! ¿Qué estás haciendo? Estoy acostumbrado a hacerte comer cada vez que siento alguna emoción y así me siento bien por un momento".*

✓ *¿Qué te dice tu cerebro cuando lo imaginas hablándote?*
✓ *¿Cómo es la voz de tu cerebro?*
✓ *¿Cada cuándo hablas contigo misma?*

Para que cada vez sea mejor la experiencia de este libro y te resulte de más utilidad, en el próximo capítulo te regalaré más herramientas para hacer que tu meta de salud, específicamente referida al peso corporal, sea permanente una vez que ya la hayas alcanzado.

¡Vamos por más!

Cecy Araux

4

Herramientas del coaching para tener hábitos saludables de alimentación

¿Recuerdas que mencioné que tengo regalos para ti? Pues, aquí están. Te comparto las herramientas poderosas que son utilizadas por los coaches para que tú logres alcanzar esas metas tan deseadas.

En el Capítulo 2 escribí sobre cómo nuestra mente procesa todo tipo de información como una computadora que manda señales a nuestro cuerpo, así que es importante empezar a trabajar con nuestra mente.

Para que esto sea posible, el coaching de salud se apoya en técnicas de Programación Neurolingüística (PNL). Esto significa que nosotros actuamos a través de secuencias y programaciones. Es el modo en que nuestra mente actúa; la manera en que utilizamos el lenguaje influye en nosotros.

Para mí, trabajar con técnicas de PNL ha sido muy práctico y beneficioso para alcanzar objetivos personales. Te puedo decir que realmente funcionan; te invito a que las pruebes, las experimentes por ti misma.

La técnica que a continuación te comparto es muy útil; sobre todo, cuando vas a ir a alguna fiesta, un buffet o un restaurant, cuando tengas un compromiso donde sabes que va a haber mucha comida y estás pendiente de no caer en la tentación de comer de más, o simplemente quieres mantener hábitos saludables en tu alimentación.

Anclaje de poder

Objetivo: recordar cualidades personales del pasado y traerlas al presente, o bien si alguna vez ya tuviste el peso que deseas, como yo que subí 30 kilos y ahora es volver a estar sin esos kilos de más. Con este ejercicio intento que te des cuenta de las cualidades que has tenido en tu vida, cómo te sentías, cómo te veías y así aprendas a hacer uso de ellas cada vez que lo necesites.

Puedes grabar el ejercicio en tu celular o en algún aparato que puedas tener a la mano para que lo realices cuando gustes. Te sugiero que lo repitas varias veces, ya que cada vez que lo hagas surgirán diferentes situaciones que enriquecerán cada punto.

El secreto para realizar este ejercicio es respetar lo primero que te venga a la mente, sin analizarlo y sin forzar situaciones. La mente es la mejor guía y no se equivoca, así que ten confianza y adelante; solo fluye.

Sigue estos pasos:

1. Siéntate donde nadie te interrumpa, con las palmas de las manos hacia arriba, sobre tus muslos. Respira profundamente, cierra los ojos y toma tu tiempo para relajarte.

2. Piensa en una experiencia positiva y poderosa que hayas tenido en tu vida. La primera que surja. Observa, escucha y siéntela.

3. Pon esta experiencia y las emociones que la acompañan en tu mano derecha. Respira profundamente. Mientras lo haces, siente este material en tu mano derecha.

4. Ahora recuerda una ocasión en la que te hayas sentido muy orgullosa de lo que hiciste y lograste. Revive completamente esa situación. Pon también esta experiencia y estas sensaciones en tu mano derecha y respira profundamente.

5. Piensa ahora en alguna vez en que hayas vivido emociones intensas, positivas, de amor. Revívelas y ponlas en tu mano derecha, como si fuesen algo material y palpable. Respira profundamente.

6. Ahora recuerda alguna ocasión en que te hayas reído como loca. Toma esta experiencia y ponla también en tu mano derecha respirando profundo.

7. Percibe lo que tu mano siente llena de tantas emociones amorosas, positivas y poderosas.

8. Observa ahora qué color adquiere este puñado de emociones que has creado en tu mano derecha. Para eso, basta con tomar nota del primer color que se te ocurra.

9. Fíjate en la forma que toman en conjunto estas

emociones. Si tuvieras que ponerles un sonido, ¿cuál sería el que emitirían todas ellas juntas?

10. ¿Qué textura sientes en las emociones que has reunido en tu mano derecha?

11. Si hablaran con una sola voz para transmitirte un mensaje potente y positivo, ¿qué te dirían?

12. Ahora disfruta de todas estas emociones y luego cierra la mano con fuerza y retenlas ahí, pensando que todas son tuyas solamente. Respira profundamente.

13. Alza el puño con fuerza y repite con voz firme el sonido y el mensaje potente y positivo que te dieron hace un instante. Repítelo tres veces.

14. Disfruta unos instantes de esta sensación y abre los ojos.

Este ejercicio ayuda a subir la autoestima en momentos difíciles, cuando sientes que no tienes las cualidades necesarias para afrontar alguna situación o cuando estés entrando en depresión. También, como te comento, antes de llegar a una fiesta o a un evento en el que sabes que va a haber mucha comida, simplemente aprieta la mano derecha y trae al presente esas sensaciones guardadas y siéntete lo máximo, porque ¡lo eres!

Tú puedes controlar esos pensamientos negativos que te pueden limitar. El momento para cambiarlos, si tú quieres, es ahora. Ten presente tus anclajes. A mí, me funciona imaginarme en esos jeans de la talla que quiero. Traigo a mi mente mi anclaje de poder y créeme que en esas reuniones tomo las mejores decisiones a la hora de comer. Ahora que recuerdo, hace mucho que no voy a un buffet, ya no lo desquito. Incluso, a veces, uso el perfume que utilicé en mi boda, que fue un evento en el cual sentí que me veía espectacular. Ese día me sentí la mujer más hermosa del mundo, así que traigo a mi presente esa emoción importante para mí.

Esto no acaba aquí. Tengo más para regalarte. La herramienta que te voy a compartir en seguida es muy valiosa para mí. Al estudiar mi certificación para ser *Health Coach* o Coach de Salud, fue la herramienta que más me apoyó. Tuve momentos en donde pensé que no sería capaz de terminar la certificación, que esto no era para mí. Llegué a pensar en renunciar, tuve muchos pensamientos y creencias limitantes que me decían que no, que renunciara. Me saboteaba constantemente.

Estos pensamientos y creencias limitantes también se me presentaban cuando quería eliminar los kilos que mi cuerpo no necesitaba. Cuando empezaba una dieta, comenzaba a hacer ejercicio, un reto o lo que sea, brincaban de inmediato para decirme: *"Para qué te pones a dieta, vives en un país que no le importa cómo te ves (EU). Un taquito más, sírvete más, uno no es ninguno, nadie lo va a notar, aquí nadie te conoce, no eres lo suficientemente buena para lograrlo, las flacas no son felices y las que tienen cuerpo fitness de seguro están operadas, nunca vas a lograr estar así"*. Puedo decirte muchos más pensamientos y creencias limitantes que me atacaban muy seguido.

✓ *¿Qué tipo de pensamientos y creencias has tenido?*

✓ *¿Cuáles son las creencias que predominan en ti?*

✓ *¿De qué manera tus creencias afectan tus decisiones?*

Pues, como a mí me funcionó esta herramienta, quiero compartirla contigo. Inténtala, practícala. Hazla desde tu ser, desde lo más profundo de tu corazón. No tienes nada que perder, solo kilos que están de más en tu cuerpo. Sí tienes mucho que ganar: alcanzar tu objetivo de llegar a tu peso corporal ideal y sano para ti.

Nueva creencia basada en la fisiología

Objetivo: con este ejercicio instalarás una nueva creencia potencializadora de una manera congruente, teniendo en cuenta tres aspectos básicos: *Yo creo, Yo quiero, Yo merezco.*

Además, te harás responsable del cambio que deseas al incluir también: *"Hago todo lo necesario para lograrlo".*

Puedes usar esta técnica cuando quieras reafirmar un cambio de creencia. Realiza el ejercicio a solas, en un lugar donde no tengas interrupciones y, de ser posible, con un espejo delante para que observes tu **FISIOLOGÍA.**

El tiempo es mínimo, dependiendo de cuántas veces quieras repetirlo. No te llevará más de 10 minutos cada vez. Yo lo hago cada vez que voy al baño, me lavo las manos y frente al espejo utilizo esta herramienta.

Para empezar el ejercicio, pon tus manos en la frente, el

lugar donde se producen nuestros pensamientos. Después, toca donde se encuentra tu corazón, el símbolo del amor. por último, ponlas en el bajo vientre, el lugar de nuestras emociones. Toca de nuevo el bajo vientre, pues ahí se declara el compromiso personal para lograrlo. En seguida sube al corazón y termina tocando la frente.

Al ir pasando las manos por los diferentes lugares, estas se posan en el cuerpo con firmeza. Al terminar cada uno de los enunciados, antes de separar las manos del cuerpo, respira profunda y lentamente.

Sigue estos pasos:

1. Estructura la creencia que deseas en tiempo presente, modo positivo y afirmativo (sin negaciones). Por ejemplo: "Yo puedo pesar 50 kilos" (es importante ser congruente con tu fisionomía de manera saludable).
2. Con respiración profunda y manos en la frente, repite la frase diciendo: a) *Yo puedo*… (el objetivo que te propones).
3. Con respiración profunda y manos en el pecho, en el corazón, repite la frase diciendo: b) *Yo quiero*… (el objetivo que te propones).
4. Con respiración profunda y manos en el bajo vientre, bajo el ombligo, repite la frase diciendo: c) *Yo merezco*… (el objetivo que te propones) y estoy dispuesta a hacer todo lo necesario para lograrlo.
5. Ahora realiza los mismos pasos en sentido inverso, repite el paso c), el b) y el a) de la misma manera para terminar en la frente.

6. Repite el ejercicio hasta que observes y sientas que hay congruencia entre lo que dices y lo que sientes en tu cuerpo (que no haya titubeos ni olvidos al repetirlo, sino que fluya).

Este ejercicio nos indica qué tanto nuestro cuerpo y nuestros sentimientos son congruentes o no. Si observamos que nos atoramos en algún paso, hay titubeos u olvidos de la frase que trabajamos en ese punto (frente, pecho, bajo vientre), nos hará notar:

✓ *¿Qué tanto lo creo?*
✓ *¿Qué tanto lo quiero?*
✓ *¿Qué tanto lo merezco y estoy dispuesta a hacer lo necesario para lograrlo?*

Al detectar que te atoras en alguno de estos tres puntos, hay que repetir esa parte más veces para que empiece a fluir el ejercicio completo, no te limites.

Repítelo cuantas veces te acuerdes, hasta que fluya perfectamente al hacerlo. Como te platico, yo lo hago cada que voy al baño. Aprovecho que estoy frente a un espejo. Cuando ya te salga la frase con fluidez, sin problemas ni titubeos, en ese momento la creencia estará INTEGRADA y tú dispuesta a hacer lo necesario para lograrlo.

¿Qué te han parecido estas herramientas? Existen muchas más herramientas que los coaches tenemos para ti. Estos son solo unos ejemplos que un coach de salud puede utilizar para apoyarte y acompañarte para alcanzar tu meta.

Los resultados dependen de ti, de qué tan decidida,

comprometida y dispuesta estás para lograr esos cambios y alcanzar tu meta.

Nadie va a ir a tu casa a cambiar tu vida si tú no quieres. Nadie te va a levantar del sillón. Por más que veas tutoriales o entrenadores fitness con la mejor rutina de ejercicios del mundo, si tú no quieres cambiar, no cambiará nada en tu vida. Está en ti dar el primer paso.

Yo me tardé varios años en darme cuenta de eso. De nada servía quejarme de mi aspecto físico, de los kilos de más. Empecé a ver videos, tutoriales, rutinas, tips de alimentación... solo que no hacía nada. Ahí estaba la información muy bien almacenada en la computadora y celular, hasta que, adivina: ¿quién me apoyó a salir de ese estado? Claro, mi coach de salud. Eso sí, quien tomó la decisión final de tomar acción fui yo.

- ✓ *¿Qué sería para ti lograr estos cambios en tu vida?*
- ✓ *¿Qué sientes cada vez que logras alcanzar un objetivo?*
- ✓ *¿Qué necesitas para dar el primer paso hacia el cambio de tu vida?*
- ✓ *¿Qué emoción experimentas al saber que puedes lograr tu meta?*
- ✓ *¿Qué vas a hacer con la información que acabas de leer?*
- ✓ *¿En qué momento vas a aplicar las herramientas aprendidas?*

En este capítulo tienes dos herramientas muy valiosas que te pueden apoyar en cualquier momento. Con el anclaje, puedes aumentar tu autoestima y tener presente que puedes lograr tu meta y sentirte empoderada antes de llegar al evento que vayas a ir y seguir con el plan de alimentación que estés haciendo saludablemente.

Y la herramienta de la nueva creencia es especial. Yo pude hacer a un lado esos pensamientos y creencias limitantes que no me estaban permitiendo llegar a mi meta. Si a ti te pasa como a mí, con esta herramienta vas a ver y a sentir cómo empiezas a fluir fácilmente hacia tu meta.

Te invito a que practiques estas dos herramientas, más la técnica de relajación. Lo más seguro es que te darás cuenta de que empiezas a ver y a sentir cambios en tu vida.

Estas herramientas funcionan y las puedes comenzar a practicar en cuanto termines de leer este libro, para que experimentes en tu propia piel que sí son eficaces. Sin embargo, ten presente que estas no sustituyen a las sesiones que tendrás con tu coach de salud.

5

Análisis del resultado de la encuesta

En capítulos anteriores, escribí sobre una encuesta que realicé a varias mujeres para tener una visión más clara de lo que yo tenía en mente respecto a este tema de la alimentación, el coaching y tú. Te comparto mis pensamientos sobre las respuestas que obtuve.

Para comenzar con la primera pregunta de la encuesta, te aclaro que el rango de edad que utilicé fue bastante amplio: desde los 15 hasta los 80 años. Me di cuenta de que desde muy temprana edad las niñas empiezan a poner atención a su imagen física. En una ocasión. una de mis sobrinas, cuando tenía 5 años, preguntó si se veía gorda con un vestido en particular. Nos sorprendimos y la respuesta de mi hermana hacia ella fue que se veía perfecta (la niña es delgadita). Tengo sobrinas adolescentes y platicando con ellas me comentaron sobre compañeras de escuela que ya empiezan a hacer diferentes cosas para estar en alguna talla, utilizar un tipo de ropa o simplemente ver que la báscula marca el número que quieren, aunque muchas veces no sea el saludable.

El tope de edad máxima que utilicé fue el de 80 años, que es más o menos la edad de las amistades y familiares de mis papás (no les digan a mis papás que estoy publicando su edad) y aún siguen preocupándose por su peso. Las he escuchado platicar y siguen comentando sobre querer eliminar algunos kilitos, o bien una le dice a otra que ha subido de peso, más la cantidad de enfermedades que se unen a esos kilos de más.

Me he estado dando cuenta de que, conforme avanza la edad de la mujer, va cambiando el motivo por el cual desean eliminar kilos de su cuerpo. Primero, es para estar a la moda, para sentirse aceptadas por el círculo social. Casi todas las adolescentes se visten igual o casi igual. Después, es para verse espectacular para la pareja. Más adelante, vamos empezando a voltear a ver hacia la salud, hasta que se convierte en cuestión total de salud, dejando a un lado la imagen física.

- ✓ *¿Qué pasaría si, desde el principio, pensáramos en que es cuestión de salud?*
- ✓ *¿Qué le puedes enseñar a las siguientes generaciones sobre su peso y su imagen?*
- ✓ *¿A qué edad empezaste a darle importancia a tu peso corporal?*

Yo empecé a darle importancia al peso corporal como a los 25 años; la verdad, no recuerdo muy bien. Tal como lo he estado notando en más mujeres, primero fue por vanidad y después por salud, después de que el doctor me detectó ovarios poliquísticos e hipotiroidismo que, creo, pude haber prevenido con el cambio de alimentación.

¿Recuerdas lo de los "alimentos primarios"? Creo que mientras estaba satisfecha internamente, no me daba cuenta del número que marcaba la báscula. De hecho, al ir a comprar ropa, nada más agarraba la talla que ya sabía y listo; tenía confianza de que se me iba a ver bien, porque por dentro me sentía bien.

Mi humilde opinión es que influye mucho el medio en el que nos desarrollamos, lo que desde pequeñas vemos a nuestro alrededor, el comportamiento de nuestra mamá o hermanas mayores o la mujer a quien admirábamos. También qué tantas influencias tenemos, como sucede ahora con los medios de comunicación; sobre todo, las redes sociales y la manera en que nos educaron.

Por ejemplo, mi mamá nunca mencionó la palabra dieta durante nuestra infancia (somos cuatro hermanas) y hasta que fuimos adultas. Lo que ella hacía era tener comida y bebidas saludables en casa y nos ponía en deportes, el que sea, con tal de que hiciéramos ejercicio. No teníamos la presión de TENER QUE hacer ejercicio; de hecho, ni cuenta nos dábamos de que nos estábamos ejercitando. Simplemente, la pasábamos muy bien.

Recuerdo que, en verano, nos inscribía en algún club deportivo y pasábamos la tarde en la alberca. Hasta ahora veo todo el ejercicio que hacíamos sin saberlo; solo nos divertíamos.

✓ *Para ti, ¿qué es importante cuando quieres tener un cierto peso corporal?*
✓ *¿A qué edad crees que deberíamos empezar a poner atención en tener un peso corporal saludable?*

✓ *¿Qué consideras tú que requieren hacer los padres de familia para mantener a los hijos en un peso corporal saludable?*

Qué edad tienes?

Answered: 100   Skipped: 37

70 - 80 1,00% (1)
15 - 20 2,00% (2)
20 - 30 10,00% (10)
60 - 70 2,00% (2)
50 - 60 5,00% (5)
40 - 50 45,00% (45)
30 - 40 35,00% (35)

En la siguiente pregunta, he notado que el hablar sobre el coaching se ha vuelto, de cierta manera, un tema de moda. Puedes ver en redes sociales a coaches que expresan sus puntos de vista. Yo considero, con todo respeto, que algunos ni siquiera son coaches, sino que solo se ponen el título. Aun así, quise preguntar si sabían lo que es el coaching de salud. De alguna manera, la mayoría de las chicas mencionaron que sí; algo que me da gusto, porque creo que están pendientes de estos temas, lo cual es un gran avance.

Si hubiera podido hacer la encuesta en persona, les hubiera pedido que me dijeran qué es el coaching de salud para ellas, para asegurarme de que el concepto fuera el correcto. Es probable que confundamos los conceptos y creamos saber qué es el coaching de salud solo porque vimos un video de alguien hablando sobre comida saludable o sobre alcanzar sueños. Incluso he conocido a personas que dicen ser coaches de salud, cuando en realidad son asesores fitness, motivadores o expertos en rutinas de ejercicios. Eso lo aprendí en el primer capítulo.

El tema del coaching de salud va en crecimiento en la actualidad. Para mí, eso es muy bueno; me alegra saber que existe cierto conocimiento sobre el tema, aun cuando tenemos camino por recorrer. Lo mejor de todo es que esto me apasiona, así que... ¡a seguir adelante! A seguir compartiendo lo que realmente es el coaching de salud con los demás, apoyando a más mujeres a alcanzar sus metas de peso corporal.

¿Sabes qué es coaching de salud?

Answered: 100   Skipped: 37

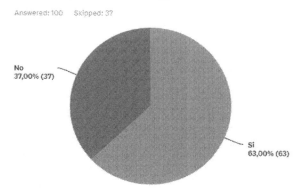

No
37,00% (37)

Sí
63,00% (63)

En la siguiente pregunta, dentro del tema del coaching de salud, a mí, en lo personal, me interesa el área del peso corporal, ya que es un tema que cubre muchos aspectos, principalmente el de salud. Muchos problemas de salud empiezan a raíz de un sobrepeso; yo misma lo he experimentado. Claro que está la parte de la imagen... A mí se me hace mucho más fácil el comprar ropa y verme bien estando delgada. Por las conversaciones que he escuchado y por lo que me han contado a mí directamente, estos dos puntos (salud e imagen) son los más importantes cuando platicamos sobre el tema con otras personas.

Así que pregunté directamente si han hecho algo para tener el peso deseado. Como puedes ver a continuación, la mayoría ha hecho algún tipo de "dieta", de esas que nos dicen qué comer, cuándo comer y en qué cantidad. Creo que es lo más fácil de seguir cuando queremos bajar o eliminar esos kilitos de más; simplemente, cambiar la alimentación.

¿Te ha funcionado seguir algún tipo de dieta o régimen alimenticio? Para ser sincera, a mí no. Será porque no me gusta que me restrinjan o me dirijan a la hora de comer. Me da risa cuando me dicen: *"Hoy te toca comer carne"*; solo puedo pensar en comer pollo. O cuando me dicen: *"Nada de pan"*. En realidad, yo no como pan dulce, me empalaga; solo que cuando me dicen eso en una dieta, claro que solo pienso en comer una deliciosa y gigante dona glaseada. Empiezo a sufrir y, como no me gusta sufrir, pues adiós dieta.

✓ *¿Qué emoción o emociones experimentas cuando te dicen ponte a dieta? ¿O cuando tú misma dices que estás a dieta?*
✓ *¿Qué sería para ti que, en lugar de decir que estás a dieta, digas que has cambiado tu alimentación?*

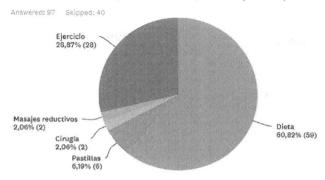

¿Haz utilizado algún método para bajar de peso?

Answered: 97   Skipped: 40

Ejercicio
28,87% (28)

Masajes reductivos
2,06% (2)

Cirugía
2,06% (2)

Pastillas
6,19% (6)

Dieta
60,82% (59)

En la siguiente pregunta, quise ver qué tanto se dan cuenta del motivo por el cual comen. Si es por nutrirse o porque sienten algo emocional antes de comer, ese algo que provoca que comamos lo que se supone que no debemos.

Me parece interesante ver como la mayoría respondió afirmativamente. Entonces, si se dan cuenta de que perciben una emoción y de que eso genera algún tipo de hambre, ¿para qué comen? En lugar de comer, sería mejor trabajar con esa emoción.

Es impresionante darme cuenta de esta respuesta porque, entonces:

✓ *¿Qué está pasando?*
✓ *¿Qué tan en serio tomas tu peso corporal?*
✓ *¿De qué manera tu peso corporal puede afectar tu salud?*
✓ *¿Cómo tus emociones pueden estar relacionadas con tu sobrepeso? (en caso de tenerlo).*
✓ *¿Para qué evades confrontar la emoción que experimentas y la tapas con comida?*

✓ *¿Qué pasaría si manejas la emoción en lugar de comer?*

✓ *¿Qué significa para ti tener el control de tus propias emociones?*

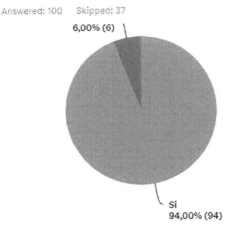

¿Crees que tus emociones tienen relación con tus hábitos alimenticios?

Answered: 100   Skipped: 37

6,00% (6)

Si
94,00% (94)

Sin más preámbulos, la siguiente pregunta fue directa: ¿Están interesadas en conocer cómo el coaching de salud puede apoyar a que logren su meta relacionada con la alimentación?

Sabemos que, al cambiar nuestros hábitos alimenticios, vamos a cambiar nuestro interior y exterior, nuestra imagen física. Podemos tener el peso corporal que tanto queremos, saludablemente hablando, claro.

Al ver que la mayoría respondió afirmativamente, me emocionó y me entusiasmó a seguir en este camino del coaching, porque tendré la oportunidad de apoyar a muchas mujeres que, como yo, tienen metas respecto a cambiar sus hábitos alimenticios y, por consecuencia, su peso corporal. Me motiva el saber que puedo favorecer a que logren esa meta.

Creo que, en la actualidad, las redes sociales son un buen medio para transmitir la información correcta respecto al coaching de salud y así tener la oportunidad de llegar a muchas mujeres que están dispuestas a hacer cambios en sus hábitos alimenticios.

✓ *¿Qué información te gustaría tener a la mano?*
✓ *¿Qué puedes hacer para tener más información sobre el coaching de salud?*
✓ *¿De qué manera te sentirías más en contacto con tu coach de salud?*

¿Estarías interesada en conocer como el coaching de salud permite que las personas logren resultados en sus metas relacionadas con su alimentación?

Answered: 100   Skipped: 37

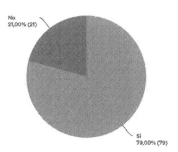

No
21,00% (21)

Sí
79,00% (79)

Con esta última pregunta, me di cuenta de que cuando quieres lograr algo, quieres alcanzar tu meta personal, eres capaz de comprometerte a hacer todo lo necesario para lograr tu objetivo. En este caso en particular, estamos hablando de tu salud y de tu peso corporal deseado.

Aquí comienza un gran y hermoso camino, lleno de retos y recompensas maravillosas. De hecho, con este libro puedes comenzar con los ejercicios que te regalé en capítulos anteriores. Al estar comprometida contigo misma, con tu vida, vas a empezar a notar cambios desde el momento que quieras, cuando tú decidas comenzar. La decisión es solo tuya, ya que es tu salud y tu cuerpo.

Vas a notar cómo al estar bien contigo misma, todo lo demás va a estar en sintonía y cada vez te vas a sentir mucho mejor contigo y con el resto de la gente que te rodea.

¿Te comprometerías a utilizar herramientas del coaching de salud para lograr la salud y el peso que deseas?

Answered: 98   Skipped: 39

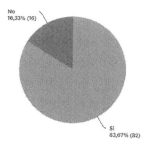

No 16,33% (16)

Sí 83,67% (82)

Me gustó mucho haber realizado esta encuesta a tantas mujeres que están interesadas en mejorar sus hábitos alimenticios con el apoyo del coaching de salud. Pienso que es un camino maravilloso que podemos recorrer juntas.

Y tú… ¿qué estás esperando para alcanzar tus metas?

CONCLUSIONES

Me gustaría repasar todo lo que hemos visto en este libro. Primero, quiero agradecerte a ti por haber llegado hasta este punto, ya que aquí está mi corazón, entrega y compromiso para apoyarte en la transformación de tu vida, tal como yo lo estoy haciendo con la mía. Tengo la firme convicción de que, si yo puedo cambiar mis hábitos alimenticios con el apoyo de un coach de salud, tú también lo puedes lograr.

Recuerda que no estamos solas en este caminar y que no solo algunas pueden lograr esas fotos que se publican en las redes sociales, esas que dicen *"antes y después"*. También tú y yo vamos a poder publicar esas fotos, si así lo deseamos, con el cuerpo que anhelamos.

Es la primera vez que comparto un poco de mi vida personal tan abiertamente. Es porque me di cuenta de que no soy la única que piensa y siente esto de querer alcanzar la meta de tener un tipo de cuerpo en especial; en mi caso, la de volver a ser talla chica, de la manera más saludable posible. Sin restricciones, sin pastillas, sin cirugías, que después las consecuencias pueden ser peores. Tengo gente a mi alrededor con quien quiero seguir compartiendo mi vida, por lo tanto, me quiero saludable y creo que hay muchas mujeres allá afuera que están viviendo lo mismo que yo.

Quise comenzar con los conceptos esenciales, para estar en el mismo canal y hablar el mismo idioma. En el Capítulo

1, escribí sobre qué es el coaching y luego, específicamente, sobre el coaching de salud.

Me encantó conocer el origen etimológico de la palabra coach, que proviene del húngaro. Un coach era un carruaje que apoyaba a la gente a trasladarse del lugar donde estaba hasta el punto al que querían llegar.

Hoy, es casi lo mismo, solo que sin el carruaje. El coach acompaña al coachee (cliente) al punto que desea en su vida, le ayuda a alcanzar metas, cumplir sueños. Lo apoya en su traslado desde el punto A hasta el punto B.

Me da risa que, a partir del momento en que aprendí esto, haya visto varios tipos de empresas que llevan el nombre de coach (como una línea de autobuses) y que, por supuesto, traen un carruaje en el logo. Y no se diga la marca de accesorios... Ahora entiendo el sentido de ese símbolo.

También en este primer capítulo, vimos lo que es el coaching de salud, algo más enfocado al tema que me interesa y me apasiona, porque está más dirigido a la salud, aunque sin descuidar las otras áreas de nuestra vida. En mi humilde opinión, creo que estamos descuidando mucho a nuestro cuerpo, nos estamos desconectando de nosotros mismos. Creo que es el momento de volver a hacer esa conexión, volver a escuchar a nuestro cuerpo, volver a sentirlo y recuperar ese equilibrio natural.

Me encanta observar a la gente. Observando a las mujeres que me rodean, mi mamá, hermanas, tías, primas, amigas, conocidas, me di cuenta de que muchas viven bajo mucho estrés por tratar de encajar en la sociedad de hoy. Por ejemplo, tienen que atender al esposo (en la intimidad, principalmente) o al novio, la casa, el trabajo. Hay que llevar a los hijos a la escuela y a todas las actividades que tienen por la tarde, como clases deportivas y fiestas. También ir al gym y lucir impecables, cabello arreglado, bien maquilladas, vestidas a la moda, sonreír... Por lo tanto, la mayoría no puede con todo o se está enfermando a temprana edad. Se toman una pastilla, se inyectan una vitamina, hierro o lo que les dicen que con eso van a tener más energía. Pienso que el cuerpo les está hablando, les está pidiendo a gritos que le pongamos atención, y como ya se perdió esa conexión especial con nosotras mismas, entonces es momento de que un coach de salud entre en acción y apoyarte.

En el Capítulo 2, aprendimos sobre las emociones y su significado según distintos autores. Podemos resumir que una emoción es una sensación que recorre nuestro cuerpo en tan solo segundos, provocando una reacción física. También hemos visto algunos tipos de emociones y su funcionamiento.

Tal como cuando nos enamoramos o creemos estar enamoradas y sentimos "maripositas en el estómago", a veces, la gente nos dice que nos ve diferente, con más brillo. Entonces, no podemos ocultar una sonrisa en el rostro, sentimos que el corazón nos palpita más fuerte y rápido, cualquier cosa nos puede causar gracia.

En cambio, ¿qué sucede cuando vemos o percibimos algo que nos da miedo? Puede ser mientras vemos una película de terror o suspenso, al recibir una noticia negativa inesperada, o bien, simplemente, una llamada de atención del jefe. A veces, se nos erizan los pelitos de los brazos, incluso podemos quedar inmóviles. Sentimos frío en todo el cuerpo ya que la sangre se nos va a los pies por si tenemos que correr, una reacción aprendida desde la época de los dinosaurios. Las personas tenían que correr, porque si no, se los comían. El cuerpo aún reacciona de esa forma frente a ese tipo de emoción.

Aprendimos también que la comida es lo que ingerimos y debería de alimentarnos. Antes, la comida era más saludable, lo que ahora llamamos "orgánica", realmente nos nutría. Conforme la ciencia y tecnología han ido avanzando, también lo han ido haciendo el tipo de comida y alimentación. Ahora, es más fácil comer en la calle y tenemos acceso a las comidas rápidas y poco saludables, antes que volver a casa a comer o llevar un lonche saludable de la casa a la oficina.

En este Capítulo 2, entonces, vimos y aprendimos la relación que tienen estos dos conceptos: las emociones y la comida.

Se me hizo súper interesante darme cuenta y tomar consciencia de cómo las emociones se forman y tienen efecto en el cuerpo, de las funciones que tienen. Todo está relacionado, esto es impresionante para mí. El tema de las conexiones neuronales tiene mucho sentido ahora, cómo la repetición las va formando de tal manera que después actúan de forma automática.

Por ejemplo, si de chiquita un perro te asustó y esta acción se repite varias veces o fue tan fuerte el susto que esa emoción queda grabada en tu cerebro es probable que, si hoy ves un perro, se genere esa emoción de susto que tiene como consecuencia reacciones en tu cuerpo: te paralizas, sudas frío, sientes un nudo en el estómago, no puedes hablar y más.

Te doy otro ejemplo respecto de la comida, que es el tema principal en este libro. ¿Te ha pasado que, cuando comes algún pastel parecido al que hacía tu abuelita, tu mamá o algún familiar querido, te invade una sensación de alegría? Es porque tenemos grabada esa emoción en nuestro cerebro y la reacción de nuestro cuerpo es de tranquilidad y bienestar. Esto sucede muy a menudo con las que vivimos lejos de nuestra familia. A veces, le digo a mi mamá: "Quiero tu sopa de verduras" y ella me dice que yo la hago mejor, a lo que le respondo: *"No es eso, quiero TU SOPITA"*. No me refiero tanto al sabor, sino a la sensación de estar con ella, a lo que me transmite.

Y es aquí cuando aplica lo que escribí en este segundo capítulo referente a la función que tienen las emociones en nosotros, ese para qué existen las emociones, donde aprendí que sirven para adaptarnos. Como en el ejemplo del perro, si algo te causa temor, esta emoción hace que tu cuerpo este alerta por si tienes que huir.

También las emociones cumplen con la función de socializar. Por ejemplo, cuando estás emocionada porque te dieron un premio especial en el trabajo o te ganaste algo en una rifa. ¿Lo sientes ahora? Seguramente has visto o te ha pasado que llega gente extraña que también te felicita, sienten tu emoción y la quieren compartir contigo.

Las emociones también tienen la función de motivación. Esta es la función en la que me quiero enfocar más como coach de salud, porque al ver, escuchar o sentir que puedes llegar a tu meta, esa emoción te motiva a que vayas por ese objetivo, te impulsa a darle con todo hacia adelante.

¿Cuál es tu meta? ¿Cuál es ese objetivo que quieres alcanzar, ese que te genere una emoción tan fuerte que se convierta en tu motivación? En mi caso particular, mi meta es eliminar los 30 kilos que me sobran y pesar 50 kilos saludables, que estén bien equilibrados con mi altura. Así que me puedo hacer algunas preguntas, por ejemplo: *"¿Cómo me quiero ver?"* Hasta podría hacer un photoshop y poner esa foto de mi cara con el cuerpo que quiero y pegarla en el refrigerador. Claro que sería un cuerpo realista para mí... También pudiera ser: *"¿Qué escucho que dicen de mí al ver que he logrado mi meta?"* Tener presentes los comentarios positivos, como: *"Te ves súper bien"*, *"Brillas"*, *"Wooow, que guapísima te ves"*, *"Felicidades, lo lograste"*. A lo mejor, lo tuyo son los sentimientos: ¿qué sientes al saber que has logrado tu meta de tener tu peso ideal? Qué agradable es tener a flor de piel esa sensación de triunfo, de que sabes que, si te propones algo, lo puedes lograr.

A mí, en particular, me encantó este segundo capítulo. Fue en el que pude tomar consciencia, observarme durante el día, darme cuenta de qué es lo que impulsa mis acciones; sobre todo, a la hora de comer. Darme cuenta de si, honestamente, estoy comiendo para nutrir mi cuerpo o para tapar alguna emoción. Qué siento y pienso antes de comer, para qué como lo que como, ya sean frutas, verduras o frituras (pudiera ser pan dulce). Fue un total aprendizaje.

Por ejemplo, si durante el día siento ansiedad, nervios, o algún tipo de angustia, ahora, en lugar de comer, hago primero el ejercicio de relajación que te regalé. En cinco minutos me relajo y tranquilamente localizo el origen de esa ansiedad, qué es lo que me causa nervios. Resulta que era escribir este libro... ¡muy bien! Localicé el origen de la emoción. ¿Qué puedo hacer al respecto? Bueno, pues en mi caso, lo mejor que pude hacer es investigar más, buscar más información que pudiera transmitirte. Mi objetivo es apoyarte para que tú y yo aprendamos y tomemos, de forma saludable, el mejor camino hacia nuestro peso ideal.

El resultado de practicar la herramienta de relajación que te compartí más la investigación que hice está aquí, es este hermoso libro lleno de información que, así como a mí, espero que a ti también te sea muy útil.

El capítulo 3 fue muy intenso. Ha sido para mí, poner manos a la obra, hacer una Rueda de Beneficio Integral con el apoyo de mi coach de salud para saber por dónde comenzar. Fue bastante interesante darme cuenta de aquellas áreas a las que no estaba poniéndoles atención. Fui súper honesta con mis respuestas; total, son mis resultados y de nadie más.

Más adelante. hice mi análisis F.D.O para ver con más detalle mis fortalezas, debilidades y oportunidades. Fue algo complicado e impactante, porque abrí mi corazón y conecté con mi ser interior. Mis conclusiones fueron frases importantes y muy fuertes para mí, para poder hacer mi reprogramación de hábitos. ¿Durante cuántos días voy a hacer la repetición? Los que sean necesarios.

Créeme que he comprendido perfectamente que mi cuerpo está bien, y estoy casi segura de que el tuyo también es perfecto y funciona como debe de ser. Quien necesita una reprogramación es mi mente, un cambio de conexiones neuronales, tal como he aprendido en este libro.

Ahora que ya comprendo un poco más sobre las emociones y puedo darme cuenta cuándo aparecen y para qué funcionan, podré usarlas a mi favor. Cabe mencionar que es válido sentir emociones de esas que llamamos "negativas", como la ira, miedo, asco, tristeza. En realidad, son complementos de mi ser; es totalmente normal sentir esas emociones. Aquí, lo interesante, es saber utilizarlas.

Por ejemplo, si estoy ante una situación que me provoca miedo, como lo del perro que te comentaba anteriormente, pues es cuando decimos *"Pies, para qué los quiero"* y a correr. También cuando, por ejemplo, tenemos alguna ruptura amorosa o laboral. Podemos sentir tristeza; es normal y totalmente válido tumbarnos a la cama a llorar largo y tendido. Son esas ocasiones en que, con todo respeto, hasta el moco se sale de la nariz.

El chiste es ¿cuánto tiempo estoy dispuesta a estar en esa situación? Pongamos tiempo: voy a llorar por 2 horas y llorar con todo. Después nos sacudimos, nos levantamos, nos damos un rico y reparador baño, hacemos ejercicio o lo que tú quieras hacer que sabes que te va a apoyar. Finalmente, seguir para adelante, hacer un plan de acción, fijar una meta, salir, algo positivo y enriquecedor, algo que alimente tu poder interior.

La diferencia está en que antes, cuando tenía una

emoción, corría a comer y entraba en ese círculo vicioso que no me apoyaba para sentirme mejor, ni hacía que me viera bien. Todo lo contrario; seguía con emociones. Además, sumaba culpa, vergüenza y remordimiento por lo que me había comido y, en consecuencia, subía de peso. ¿Qué eliges hacer tú?

En el Capítulo 4, aprendí dos herramientas padrísimas para hacer cambios desde el interior de nuestro ser: la primera herramienta, la del anclaje, me encanta, porque me trae al presente esos momentos en donde logré completar alguna meta. Tener aquí y ahora esa emoción y saber que, si me lo propongo, sé que lo puedo alcanzar. Es motivante, se activa esa emoción especial que funciona como motivación. ¿Te acuerdas de eso en el Capítulo 2?

La otra herramienta, la de la fisiología, es súper fuerte. Cuando me vi al espejo y me dije a mí misma que yo puedo, yo quiero, yo merezco y haré lo necesario para lograr mi objetivo, sentí esa emoción especial que recorre la piel y hace que se erice. Lo he seguido repitiendo mínimo una vez al día. Al despertar, lo primero que hago cuando voy al baño es aplicar esta herramienta. Me siento poderosa, siento que sí puedo. Comenzar así el día es lo máximo para mí, es como un baño de energía positiva.

Justo el día de hoy fui a una reunión donde sabía que iba a haber mucha comida. Imagínate; tamales, *sandwichón* (pan con queso y ensalada de pollo), pastel, refrescos y varios platillos más que no alcancé a ver. Grande fue mi sorpresa al ver unos platones grandes con FRUTA: sandía, melón, piña, uvas, fresas. Como antes de salir de la casa había aplicado las dos herramientas, la del anclaje y la de la fisiología, sin darme cuenta, tranquilamente, comí en la fiesta un pedacito de *sandwichón*, despacio, sin prisa. Me ofrecieron tamales, dije que sí, que en un ratito más. Pasó el ratito y me volvieron a ofrecer tamales, les dije se me antoja más la fruta, así que me serví y las disfruté tanto. Mi asombro fue cuando partieron el pastel, volví a decir *"En un ratito"* cuando me ofrecieron. Mi sobrina de cinco años dijo: *"Pastel no, gracias, estoy comiendo fruta"*. Nadie le dijo nada.

- ✓ *¿Qué ejemplo estoy dando a las personas que están a mi alrededor?*
- ✓ *¿Qué imagen proyecto con mi manera de comer?*
- ✓ *¿Qué opinas sobre la moda de las tallas grandes?*

En lo personal, esa publicidad sobre mujeres con sobrepeso, diciendo que así se ven bien, no me parece correcta. El maquillaje es hermoso y las modelos parecen princesas de cuento de hadas; sin embargo, para mí, una cosa es ser grande, alta y de complexión gruesa y otra tener obesidad o sobrepeso, que para nada es saludable.

Ahora, piensa que un coach de salud tiene muchísimas herramientas más y te aplicará la que se adapte perfecto para ti, para lo que necesites en el momento adecuado. Confía en que el resultado será maravilloso.

En el proceso de coaching de salud con un coach profesional, no te van a juzgar o a burlarse de tus respuestas. Son tuyas, es algo de tu ser, así que estas herramientas, mientras más las practiques, mejores resultados tendrás en un mejor tiempo. Todo va a depender solamente de ti.

- ✓ *Solo tenemos una vida y un cuerpo, ¿cómo quieres vivir tu vida?*
- ✓ *¿Qué tipo de cuerpo quieres tener de aquí en adelante?*
- ✓ *¿Qué estás dispuesta a hacer para conseguirlo?*
- ✓ *¿En cuánto tiempo lo vas a lograr?*
- ✓ *¿De qué manera vas a festejar tu triunfo?*
- ✓ *¿Qué le vas a decir a las personas que te feliciten por tu cambio y que te pregunten cómo lo lograste?*
- ✓ *¿Cuándo vas a empezar a ir por tu gran meta de tener ese peso ideal y saludable?*
- ✓ *De ahora en adelante, ¿qué te dices a ti misma cuando te ves frente al espejo?*

En el Capítulo 5, vimos los resultados de la encuesta que realicé solo a mujeres. Me sentí muy agradecida por la honestidad con la que respondieron a las preguntas. Fue muy interesante para mí darme cuenta de la disponibilidad que existe por parte de ellas para alcanzar sus metas de lograr el peso corporal deseado.

En el Capítulo 5, vimos los resultados de la encuesta que realicé solo a mujeres. Me sentí muy agradecida por la honestidad con la que respondieron a las preguntas. Fue muy interesante para mí darme cuenta de la disponibilidad que existe por parte de ellas para alcanzar sus metas de lograr el peso corporal deseado.

El interés que demostraron por conocer sobre el coaching de salud y así lograr mejorar o cambiar sus hábitos alimenticios con el apoyo de un coach de salud es muy gratificante y motivante para mí. Primero, para hacer cambios en mí, ser un ejemplo. Segundo, para poder brindar mi apoyo a muchas mujeres de todo el mundo que desean alcanzar una de sus metas en la vida.

En la reunión a la que fui, no recuerdo cómo, solo empecé a hablar sobre el coaching de salud. El tema se dio y yo, feliz, explicando sobre mi función como coach de salud. A lo lejos, estaba mi esposo platicando. Ya de regreso, mi esposo me preguntó si estaba hablando sobre coaching, a lo que respondí afirmativamente. Acto seguido, la pregunta obligatoria: *"¿Por qué?"* Y añadió: *"Había un brillo especial en ti, tenías hipnotizadas a las mujeres con las que estabas platicando"*. Se me puso la piel chinita, una emoción recorrió mi ser.

Cuando descubres tu pasión, compártela con el mundo. Los límites solo están dentro de ti. Si aún estás en la búsqueda, sigue adelante, continúa. En algún momento la vas a encontrar, gran parte de lograr lo que nos proponemos se debe a nuestra persistencia.

Gracias por acompañarme en el inicio de este cambio de vida. Al empezar a cambiar por dentro, desde nuestro ser interior, veremos el resultado en el exterior, cuando menos te lo esperes. Solo sigamos avanzando. El peso corporal es consecuencia de tener equilibrio en nuestro interior.

Ahora, dime: ¿ya estás lista para buscar a tu coach de salud e iniciar tus sesiones de coaching?

BIBLIOGRAFÍA

1. Armas, L., & Von Ruster C. (2009). *Manual de Técnicas de PNL y Estrategias PNL*. Ed. electrónica
2. Chopra, D. (2014). *¿De qué tienes hambre?* Ed. Urano, p. 14.
3. Goleman, D. (2010). *Inteligencia emocional*. Ed. Kairos, pp. 14 – 242.
4. LeDoux, J. (1999). *El cerebro emocional*. Ed. Ariel Planeta, p. 25.
5. Miedaner, T. (2002). *Coaching para el éxito*. Ed. Urano. 32 ed. p. 23.
6. Rosenthal, J. (2012). *Nutrición Integrativa. Alimenta tu salud y felicidad*. Ed. Greenleaf Book Group LLC. 2 ed. p. 160.

WEB

De conceptos. (s/f) Concepto de comida. Recuperado de: https://deconceptos.com/ciencias-naturales/comida

Escuela Europea de Coaching. (s/f) Qué es EEC: Procesos de Coaching. Recuperado de: https://www.escuelacoaching.com/eec-escuela-coaching/

Escuela de Formación de Líderes (2018). Historia y Orígenes del Coaching, Antecedentes y Evolución. [Archivo PDF]. Recuperado de: www.formacionlideres.com/wp-content/uploads/EFL_Aspectos-Generales-de-Coaching_v2.pdf

Morchón, P. (s/f) COACHING El método definitivo de tu desarrollo personal y profesional. Exitoycoaching.com. Recuperado de: www.exitoycoaching.com/coaching-el-metodo-definitivo/

Guerri, M. (s/f) ¿Qué son las emociones? Recuperado de: www.psicoactiva.com/blog/que-son-las-emociones/

IRCO. (s/f) ¿En qué consiste el Coaching.Recuperado de: https://www.irco-pnl.com/consiste_coaching.html

Larrea, B. (s/f) ¿Sabes qué es? Recuperado de: www.beatrizlarrea.com/healthcoaching-2/sabes-que-es

Novelo, G. (s/f) ¡Cambia tu vida!: un método de 21 días. Recuperado de: www.psicologiaaldia.com.mx/cambia-tu-vida-un-metodo-de-21-dias/

Organización Mundial de la Salud. (s/f) ¿Cómo define la OMS la salud? Recuperado de: www.who.int/es/about/who-we-are/frequently-asked-questions

Coaching de salud. (s/f) ¿Qué es… Coaching de Salud? Recuperado de: www.coachingdesalud.com/que-es/

Ramos, O. (2018). Historia y Origen del Coaching. Recuperado de: https://es.scribd.com/document/350070827/HISTORIA-Y-ORIGEN-DEL-COACHING-docx

Real Academia Española. (2014). Emoción. En Diccionario de la lengua española (23.a ed.). Recuperado de: https://dle.rae.es/?id=EjXP0mU

Real Academia Española. (2014). Emoción. En Diccionario de la lengua española (23.a ed.). Recuperado de: https://dle.rae.es/?id=9w3sObI

Novelo, G. (s/f) ¡Cambia tu vida!: un método de 21 días. Recuperado de: https://psicologiaaldia.com.mx/cambia-tu-vida-un-metodo-de-21-dias/

Senda 11:11 (2012), ¿Y tú qué sabes? [Archivo video] Recuperado de: youtube.com/watch?v=yw5Q9-YbFjY&t=80s

Chóliz Montañés, M. (2005). *Psicología de la emoción: el proceso emocional*. [Archivo PDF] p. 4. Recuperado de: https://www.uv.es/=choliz/Proceso%20emocional.pdf

Cecy Araux

ACERCA DE LA AUTORA

Cecy Araux es originaria de Monterrey, Nuevo León, México. Hija, hermana, esposa, mamá y una apasionada de la repostería.

Estudió Hotelería y Turismo en la Universidad Regiomontana. En la búsqueda de su felicidad y de su cuerpo perfecto comenzó a investigar sobre el tema de la alimentación y las emociones, aprendió que hay dos tipos de necesidades para comer: por emoción y por necesidad física, comprendió que para disfrutar de una salud optima es esencial estar en equilibrio en cuerpo, mente y espíritu, así decide estudiar Masajes Holísticos en el Centro de Capacitación Holístico de Monterrey, N. L. México, donde además se certifica como Terapeuta Reiki nivel I y II con el propósito de ayudar a las personas a encontrar este equilibrio.

Es Health Coach certificada de la Academia de Coaching y Capacitación Americana ACCA contando así con una capacitación mucho más integral y donde afirma haber encontrado su pasión, haciendo énfasis en que esto es solo el comienzo.

Contactos

Facebook: coachabitos
Instagram: coachabitos
Correo: coachabitos@hotmail.com

Cecy Araux

Made in the USA
San Bernardino,
CA